効果的な年金制度の使い方を伝授

社員を幸せにしながら
×
社長の資産を増やす方法

細川知宏
HOSOKAWA TOMOHIRO

幻冬舎MC

はじめに

社員の定着率が低く、採用広告を出しても望むような人材がなかなか応募してくれない。これは、多くの中小企業経営者が抱える悩みでしょう。離職者が出たときに新しく社員の採用ができなければ、既存社員の負担は増える一方で、モチベーションも下がります。そして、社員のモチベーション低下は会社全体の生産性へと影響し、業績が落ち込むことにもつながりかねません。

社員の定着率低下にはさまざまな原因が考えられますが、そのなかの一つとして、将来の生活に対して不安を感じている人の増加が挙げられます。公益財団法人生命保険文化センターが令和元年に公表した「生活保障に関する調査」によると、調査した約4000人の男女のうち、「自分の老後生活に不安を抱えている」と答えた人は約85％に上りました。さらに、不安であると答えた人の約8割が、不安の原因として「公的年金だけでは不十分」と経済的な理由を挙げています。戦後から続いた終身雇用制の崩壊がささやかれ、会社への帰属意識が薄れた現代においては、社員が将来の経済的不安を払拭するために、より良い待遇を求めて転職をすることは、もはや必然といえるのです。

そんな社員の不安を取り除き、会社への帰属意識を高める施策として私がおすすめしているのが、本書で紹介する「企業型確定拠出年金」です。同じように社員の将来の経済不安を払拭する制度として「退職給付年金」がありますが、社員に対して明確に「見える化・意識化」できているかという点において、2つの制度は大きく異なります。というのも、退職給付年金は積立金の運用を外部の組織が行うため、ほとんどの社員が、自分が将来いくらの退職金をもらえるのか理解していないのです。これでは、せっかくの制度が、社員が安心して働けることにつながっていません。一方、企業型確定拠出年金は、社員が拠出した金額を自分で運用・管理するため、運用状況や将来の受給予定額などが、はっきりと「見える化」されます。将来自分がもらえる金額を把握できるため、社員は安心して働き続けることができるのです。

さらに、企業型確定拠出年金の導入は、社員に対してだけでなく、社長に対しても大きく分けて2つのメリットがあります。1つ目のメリットは、企業型確定拠出年金は積立金の運用を個々の社員が行うため、運用結果に対する責任を会社・社長が負う必要がないことです。退職給付年金の支払い準備のために、多くの中小企業で導入されている中退共（中小企業退職金共済）や厚生年金基金などの制度は、予定利率の低下によって積立金が不足する問題が生じています。一部の企業では不足分を会社で補填していることを考えれば、運用責任を問われず、不足分解消のための負担を強いられないことは大きな利点といえます。2つ目のメリットは、社長個人の掛金を会社の損金として計上することで、法人税を節税しながら社長の老後資金を用意できることです。また、近年注目を集めている「個人型確定拠出年金（iDeCo）」と比べ、企業型確定拠出年金は月々の掛金の上限が高く、掛金拠出の期間も長いため、より多くの老後資金を用意できるといった魅力もあります。

私は大学を卒業後、大手証券会社で勤務し、お客様への株式投資のアドバイスを行ってきました。証券会社を退職後は、独立してＩＦＡ（金融商品仲介業者）となり、証券だけにとどまらない幅広い視点から、お客様の資産運用のお手伝いをさせていただいています。その過程で、中小企業経営者のお客様からの強いご要望があり、企業型確定拠出年金の導入支援も実施するようになったのです。制度導入時の必要な手続きについても、社会保険労務士とタッグを組むことでシームレスなサポートが可能となり、投資教育・資産形成のアドバイスに強い点を、多くのお客様に評価いただいています。企業型確定拠出年金支援を始めてから2年ほどの間に、こちらから営業をかけずとも、十数件の導入をお手伝いさせていただきました。そして、導入支援をさせていただいた企業の社長の多くから「社員の仕事に対するモチベーションが変わって良かった」、また社長ご自身についても「引退する頃にはそれなりの退職金ができそうだ」という言葉をいただくようになり、この企業型確定拠出年金を少しでも多くの企業に広めたいと思うようになったのです。

本書は、企業型確定拠出年金導入のメリット・導入フローをより分かりやすくお伝えするために、ストーリー仕立てにしています。制度導入の検討段階から、制度を採り入れ成果が出るまでの一連のプロセスを紹介し、物語のなかで出てきた用語については、各章の後半で細かく解説しています。

ぜひ最後まで読んでいただき、1人でも多くの社長が企業型確定拠出年金導入の検討をなされることを願ってやみません。

効果的な年金制度の使い方を伝授　社員を幸せにしながら社長の資産を増やす方法　目次

第3章　補足解説

［第1章］

不透明な退職金・年金制度で会社は大丈夫？

相次ぐ社員の退職に悩む二代目社長

「この会社にいても、将来が見えないっていうか……。不安というか……。すみません」

渡辺竜太の言葉を聞いた瞬間、滝田研一は身体の奥がかっと熱くなった。何かを言わなければならないと思ったが、うまく言葉がまとまらない。「そう」とだけ言って、黙ってしまった。

気まずい沈黙が流れ、渡辺は額の汗をハンカチで拭いた。窓を閉めていても容赦なく聞こえてくるツクツクボウシの大合唱が、省エネのためエアコンの温度が高めに設定された社長室の気温を、さらに上げているように感じられた。

滝田は、大きく息を吸い、ゆっくり吐いてから言葉を発した。

「そうですか……。分かりました。今まで頑張ってくれてありがとう」

渡辺は「いいえ」と短く答えて、もう一度頭を下げた。

「離職票だとか、退職の手続きのことは、総務の松本課長に言っておきます。分からないことがあったら、いつでも松本課長に聞いてください。電話でもいいですよ」

「はい。ありがとうございます。お世話になりました」

渡辺はもう一度丁寧にお辞儀をして、社長室から出ていった。

(フゥ。また求人広告を出さないといけないか。まいったな……)

滝田が代表取締役社長を務める株式会社タキタケミカルでは、今年に入ってからすでに2人の社員が退職している。1人が23歳の女性、もう1人が26歳の男性。そして今日、28歳の研究部員である渡辺が3人目の退職者となった。

1週間前に渡辺から退職の相談を受けた滝田は、なんとか考え直してくれるように、説得していたのだが、やはり退職の意志は変わらなかった。

「将来が見えない、か……」

滝田は小さく呟くと、エアコンの温度設定を最低まで下げた。

タキタケミカルの苦況

株式会社タキタケミカルは、主に化粧品に使われる基剤などの原材料を製造している小さな化学メーカーだ。会社組織は、研究開発部、製造部、調達部、営業部、総務部、経理部からなり、社員は総勢30人。直近年度の売上高は20億円ほどだが、この数字は、まだ先代が社長を務めていた2000年頃の最盛期と比べると、9割程度の水準となっている。

先代社長である創業者・滝田正彦は、滝田研一の父だ。正彦がタキタケミカルを興したのは1975年。初期の頃は、自社ブランドの化粧品や石けんなども製造・販売していたが、その後、国内のナショナルブランドメーカーに、その製品で使用される原材料を卸している。現在は、若干のOEM製品供給も行っているが、自社ブランド製品は販売していない。

滝田が正彦の後を継いだのは、2015年に正彦が亡くなってからで、そのとき、滝田はまだ40歳の若さだった。しかし、ずっとタキタケミカル社内で父の経営を補佐してきた滝田にとって、若さはさほど問題にはならなかった。問題は会社の業績であった。

タキタケミカルは、2000年代初頭まで好調に業績を伸ばしてきた。しかし、リーマン・ショック後の不況期には大打撃を受け、2010年~11年頃には最盛期の6割近くまで売上が落ちていた。それに伴い、正彦は徹底的なコスト削減を進めなければならなかった。

人件費については、ベースアップを廃止し、一部に成果給を採り入れるなどして、総人件費を抑制した。また、バブル時代に会社で買っていたゴルフ会員権などは大幅に値下がりしていたが、損切りで売却するなどしてキャッシュをつくり、銀行からの借入金の前倒し返済を進めた。さらに、商品ラインナップを見直し、在庫の削減を図るなどして、キャッシュフローも改善。財務体質のスリム化に成功した。

社員たちも、未曾有の金融危機、不況下ということもあり、渋々ではあるが、経費削減に協力してくれた。2年ほどあとには、財務基盤が安定した低コスト体質の会社に生まれ変わることができた。

そこから正彦は少しずつ攻めの経営に転じ始めた。まず、地元国立大学の研究室と技術開発提携を行い、独自技術での新製品開発を進め、いくつか特許を取得した。併せて、単なる大手メーカーの下請けにとどまらない、独自開発した原材料の用途を含めた提案型営業に注力し受注を拡大した。

経営トップである正彦自身が陣頭指揮をとって奮闘することにより、なんとか再成長への道筋が見え始めた矢先に、正彦は急逝してしまったのだった。数年間にわたった経営立て直しのため、心労が重なったことも大きかったのかもしれない。

その後を継いだ滝田の時代になってからも、タキタケミカルはゆるやかな成長路線を続けている。だが、飛躍的な成長というにはほど遠く、直近の決算でようやく、先代社長の最盛期だった2000年頃の業績の9割程度までに回復している状況だ。

（もう一段、大きな飛躍をさせるために、次の手を考えたいが……）

そう考えていた滝田だが、その次の手が決まらないまま、ここ1、2年は、別の問題で悩まされるようになった。

それが、人材問題である。

1990年代まで、タキタケミカルの社員規模は20人ほどであり、その頃までタキタケミカルでは主に欠員補充の中途採用が中心だった。新卒採用に挑戦し始めたのは、1990年代の後半からである。2000年代に入ってからは定年退職する社員が出てくるようになり、それを補充する意味で、毎年1～3人の新卒者を採用するようになった。

ところが、ここ最近、新卒あるいは欠員補充のために中途で採用した若い社員の定着率が年々下がっていた。

幸い、現在の受注は好調で、製造ラインの稼働率も、常にフル稼働に近い。クライアントとの共同開発や提案型営業に力を入れているために、営業活動に動く人間も常に必要で、製造部でも、営業部でも欠員が出るとすぐに業務に支障が出る。

それをカバーするために、残された社員の業務負担が増え、だんだんと現場が疲弊して、疲れた顔をする社員が増えるようになってきた。以前と比べて、なんとなく社内の雰囲気が暗い感じもする。また、現場の人員不足のために、営業には滝田自身が出なければならないことも増えていた。経営トップでありながらプレイングマネージャーとして働き続けなければならない、滝田自身の疲れも溜まっていた。

さらに、深刻なのは研究開発部だ。顧客からは常に新製品開発を求められているが、一朝一夕に成果が出る仕事ではない。数年間にわたって一つの基剤の研究を進めて、やっと製品化に結びつくこともある。ところが、その肝心の製品化の前に担当していた社員が辞めてしまうことがある。すると、研究データはもちろん残されているものの、途中から引き継いだ担当者ではどうしても、前任者と同じようなペースで進められないことがあり、場合によっては研究が頓挫してしまうこともあった。そうなると、それまでかけたコストがほとんど無駄になってしまう。

しかも、今は優秀な研究員は引く手あまたで、新規に採用するとなると、給与面でもかなりの好待遇にしないと、応募も集まらない。

そういうわけで、ようやく中堅どころの研究員になってきていた渡辺竜太の退職は、滝田にとって、非常に大きな痛手であった。

時代の流れ

社長室のドアをノックする音がして、総務課長の松本祐子が入室してきた。手には盆を持ち、湯飲み茶碗が乗っていた。

タキタケミカルでは、お茶は各自が飲みたいときに自分で淹れて飲むことになっていた。それは社長の滝田も同じだ。しかし、来客時などには、だれかに出してもらったほうが具合のいいこともある。そんなとき、滝田は松本に頼んだ。

松本は、滝田と同い年だ。2人とも中途入社で、入社年度は少し違うのだが、滝田は松本に同期のような親しみを感じ、昔から「まっちゃん」と呼んでいた。松本のほうは真面目な人柄で、昔は「滝田さん」、今は「社長」と呼ぶ。

今どき、若い部下に来客へのお茶くみなど命じると、それこそ文句を言われかねない。その点、松本になら「まっちゃん、ちょっとお茶お願いね」と頼みやすい。ある意味で、滝田が社内でいちばん心を許している相手は、松本かもしれない。

「社長、渡辺君は、やっぱりだめでしたか？」

松本は滝田のデスクに湯飲み茶碗を置きながら言った。

「うん。今月いっぱいで辞めるそうだ。仕方ないけど、困ったね。あ、また求人広告を出さなければいけないから、あとで広告代理店の人を呼んでおいてもらえるかな」

タキタケミカルには独立した人事部はなく、総務部が人事も管轄していた。

「はい、分かりました。しかし、今年はもう3人目ですね……。渡辺君は、どうして？」

「それがね、『この会社にいても将来が見えなくて不安だ』なんて言うんだよ。まったく、今の若い子は何を考えているのか。将来なんていうのは、会社で働いているうちに自ずと見えてくるものだろ？　会社を辞めるほうがよっぽど不安じゃないか。だからまっちゃんだって、会社に戻ってきたんだよな」

松本は36歳のとき、出産を機に一度退職していた。そして、3年間育児に専念して、39歳のときに再入社したのだ。もちろん、事務能力が高く真面目な人柄であったからこそだが、先代社長の、社員を家族のように大切にするという考え方も大きかった。

そして、滝田が松本に心を許しているように、松本のほうも同い年の滝田を、役職の上下関係はもちろん踏まえているが、半分くらいは同期の仲間のように感じている面があり、普通の社員なら社長に対しては言いにくいようなことも、ストレートに言うことがあった。だからこそ、滝田も松本によく意見を求めていた。

「私は、家にいるより働くことが好きですし、この会社も気に入っていますから。でも、若い子がそういうことを言う気持ちも、ちょっとは分かる気がします」

「ほう。分かるって、どういうこと？」

「時代は変わるし、時代によって人の気持ちも変わる、ということです。例えば、私たちの若い頃は、〝24時間戦えますか〟っていう宣伝がありましたけど、あれは半分は冗談だとしても、半分はあるべき姿だと真面目に思われている部分もありましたよね」

「そうだな。『奴隷のように働き、王様のように遊ぶ』なんて言葉もあった。奴隷のように働くことこそ、エリートの姿のように思われていた。今の若い人は、信じられないかもしれない」

「セクハラは論外ですが、本当に部下のためにと思って厳しい叱責をしたって、言い方が悪ければ『パワハラ』と糾弾されてしまうんです。それは、良いとか悪いとかじゃなくて、時代の流れによる変化なんです。滝田社長も気をつけてくださいね」

松本はちょっといたずらっぽい目で言った。

将来への不安を感じる社員たち

「今の若い人たちは、私たちの世代よりもずっと将来を諦めているってことですよ。『失われた30年』で、物心ついたときから不況だ、デフレだ、とばかり聞かされて育ってきています。経済がぐんぐん成長していく時代というのをまったく知らないわけでしょ? 高度経済成長はもちろん、私たちみたいに、バブル時代も知らないから」

「俺たちだって、バブルのときは高校生だったじゃないか。まあでも、時代の雰囲気は感じていたか。それに、もっと子どもの頃から、未来が明るいのは当たり前だとは思っていたよね。文明や産業が発展して、社会も自分も、今よりずっと豊かになっていくのは当たり前だって」

「たぶん、今の子たちには、そういう感覚はないでしょう。実際にすでに日本の人口減少は始まっていて、しかも働き盛りの世代の人が減っていき、高齢者は増えています。年金の支給開始年齢はどんどん上がるのが当たり前で、彼らは自分たちの老後には、年金なんてまったく当てにできないと思っていますよ。年金制度がなくなると思っている人は少ないでしょうが、〝老後2000万円問題〟ではっきりしたように、余裕ある老後の生活をしようと思ったら、自助努力でなんとかしなければなりません。それは仕方ないとしても、その一方では、社会保険料も上がり、消費税も上がり、自分で使えるお金はなかなか増えません。今度は後期高齢者の医療費負担も1割から収入によっては2割にアップするというじゃないですか。取れるところからは取れるだけ取る、というのが国のやり方ですよね」

滝田は、松本の話を黙って聞いていた。

「おまけに、大企業でも45歳でリストラをする会社がいくつもありましたよね。一つの会社でまじめに働いていたって、いつリストラされるか分からないんです。『自分の将来はどうなるんだろう』『このままでいいのかな』って心配になる気持ちは、よく分かりますよ」

「わが社では創業以来、リストラなんかしたことないよ」

滝田は、やや憮然とした口調で言った。

「それはそうですが、そういう先行きが見えない不安な〝時代の空気〟みたいなものを、若い世代の人ほど敏感に感じてしまうのは仕方ない、ということです。それに、一部とはいえ、成果給を導入したし、退職金の積立額も引き下げましたよね。もちろん、社員の同意は得たとはいえ、そういうこと、社長が思っている以上に、社員はすごく敏感に受け止めているものですよ。私は総務部だけじゃなくて、他部署の社員とも一緒にランチに行ったり、たまには飲み会にも顔を出したりしていますけど、会社への不満というか、自分の将来への心配はよく耳にします」

「確かに、先代時代、リーマン・ショック後の建て直しのために、人件費を抑制したけれど、あれは仕方なかっただろう。100年に1度ともいわれた金融危機と大不況だったのだし。うちは借金も多いうえに〝貸し剥がし〟に近いこともあった。会社がつぶれたら、元も子もないから、会社の体質改善をするのはやむを得なかったんだよ。社員だけに痛みを押しつけるのではなくて、社長の報酬だって、率先してかなり減らしていたよ。それに、成果給の一部導入で、給料が増えた社員もいるんだよ。頑張ればきちんと上がるようになっている。悪いところばかり見られても、困るな」

「経営のご苦労は分かります。でも、たいていの社員というのは、そういうものなんです」

松本はすました顔で言った。

福利厚生は社員へのメッセージ

「でも、社長。給与はともかく、退職金はどうですか？　中退共の掛金を半分くらいに減らして、そのままですよね」

滝田は黙ったまま松本をじっと見つめた。

「まっちゃんは、5年くらい前に辞めた開発部にいた谷君を知っているだろ。これは、私以外にはだれも知らないのだけど、実は彼が辞めるときには大きなトラブルがあったんだ。詳しくは言えないが、うちの特許に関連した技術情報を、彼が流出させた可能性があった。故意なのか、過失なのかは今でも分からないが」

「そんなことが……。でも、可能性ということは、証拠はなかったんですよね」

「証拠があれば懲戒解雇だよ。私と中森技術部長の心証は、限りなく黒に近い。だが証拠がなかったので、普通に自己都合退職になったよ。まあ、それはいい。終わったことだ。ただ、私が今でも納得できないのは、そんな社員にも中退共の退職金は、きちんと満額支払われるということだ。退職金というのは、たとえ中途退職だとしても、長年会社のために働いてくれた社員に『今までありがとう』という感謝の気持ちを込めて支給するものだろ？」

松本は小さくうなずいた。

「そのために会社は毎月お金を積み立てている。谷君のように20年も勤めていた者なら、金額もそれなりに大きくなるよ。それをどうして、会社を裏切るような真似をした者にまで満額支給をしなければならないのか、どうしても納得できなかったんだよ。だから、経営者の自由にならない中退共は最低限の額にまで減らして、その代わりに今は社内資金として、積立をしているよ。そして退職金規程も、退職時の功労実績に応じて、加減できるようにしている。そのほうが合理的だろ」

「うーん。それはどうでしょうか……」

松本は口ごもった。

「言いたいことがあるなら、はっきり言ってくれ」

「うまく言えないのですが、最初にお話ししていた社員の退職が続いていることと、今の退職金制度の話は、ちょっと関係があるような気がするのです。退職金ってお給料とは違って、要するに福利厚生制度ですよね？　だとするならば、会社の社員に対するメッセージ、『うちの会社はこんなに社員を大切に考えていますよ』というメッセージという意味をもつと思うんです。これまで、会社があるいは社長が、社員にどうなってほしいのかという考えが、メッセージとして社員にきちんと伝わっていないのではないでしょうか？　だから、社員が不安になるし離職率が高くなる、と。そんな気もするのですが」

「メッセージねえ。そんな難しそうな話なのかな……？　ま、少し考えてみるよ。とにかく、渡辺君の退職手続きと、広告代理店の手配はよろしく頼んだよ」

滝田はそう言うと湯飲み茶碗を手にして、すっかりぬるくなったお茶をごくごくと飲み干した。

長生きという「リスク」

今、わが国では、長生きを「リスク」であるととらえる人が増えています。

その背景には、老後生活の経済面での不安があることはいうまでもありません。もし長生きを「してしまった」場合に、果たしてお金は足りるのだろうかという不安です。

それを裏付けるデータの一つとして、例えば公益財団法人 生命保険文化センターが行った「生活保障に関する調査」（令和元年度）によると、老後生活に「不安感あり」とする人は84・4％と8割を超えています。また、その不安の内容としては、「公的年金だけでは不十分」と答えた人が82・8％、「退職金や企業年金だけでは不十分」と答えた人が38・8％、「自助努力による準備が不足する」と答えた人が38・5％など、経済的な面での不安を挙げた人が、大半を占めています。

これらの不安感に、根拠がないわけではありません。それは公的年金制度（国民年金、厚生年金）だけでは到底生活費をまかなえないことは当然だとしても、今後、人口減少と少子高齢化が進んでいけば、現在の給付水準でさえ維持できず、さらなる支給開始年齢の引き上げ、給付金額の減額などがなされるのは間違いない、という心配です。

それが顕在化したのが、2019年の「老後2000万円問題」でした。老後2000万円問題自体は、誤解を孕《はら》んで伝えられた部分もありましたが、あれだけ話題になったのは、多くの人々が漠然と感じていた不安が前提にあったからだと考えられます。

老後2000万円問題の根拠

2019年6月、金融庁・金融審議会の市場ワーキング・グループによる報告書「高齢社会における資産形成・管理」のなかに、老後の経済生活について記載した部分がありました。

同報告書によると、平均的な収入のサラリーマンが65歳で退職したあと、平均的な支出で老後の生活をした場合、年金が現在の水準でもらえたとしても、月に5万5000円が不足するとされています。95歳まで生きると仮定した場合（65歳の退職時から30年間）では、5万5000円×360カ月＝1980万円となり、約2000万円が不足することになります。これがいわゆる「老後2000万円問題」と呼ばれた計算の根拠でした。では、本当にそんなにお金が足りなくなるものなのか、もう少し詳しく見ていきます。

同報告書では、老後生活に必要となる支出に関しては、総務省「家計調査」2017年版が使われていました。前提として、夫65歳以上、妻60歳以上で夫婦のみの高齢無職世帯とされています。その毎月の支出は26万4000円くらいになると示されています。

一方、老後のメインの収入となるのは年金です。この例では、会社員として20歳から仕事をして定年まで働き、年金が約19万円、そのほかの収入が2万円弱で、約20万9000円が収入となっています。この差額となる5万5000円が毎月足りないことになります。

ただ、この前提に当てはまらない家庭も多いでしょう。

例えば、この例は、妻は一度も働いたことがなく、結婚後はずっと専業主婦だった前提です。今の若い世代で、このような夫婦はレアケースでしょう。

また、夫の65歳での退職後、老後は30年間、つまり95歳まで生きるという前提もあります。現在、実際に95歳まで生きる男性は4人に1人程度です。

さらに、この算出根拠となっている月々の支出を確認すると、酒類と外食が約1万円、教養娯楽費が約2万5000円、交際費が約2万1000円などとなっています。老後といっても60代、あるいは70代の前半で、まだまだ元気な方も多いので、これらは必要になるかもしれません。

しかし80代にもなれば、外食や交際費にそこまでのお金が必要な人のほうが少ないでしょう。一方で、住居費は約1万4000円とされています。これはおそらく持ち家を前提にしているのでしょう。もし、自宅をもたず、賃貸住宅で暮らしている人であれば、住居費がずっと高額になる可能性はあります。

このように、いくつもの仮説を重ねたうえでの金額なので「2000万円」という数字そのものには、さほど意味があるものではありません。

ここでのポイントは、高齢化・長寿化により、だれでも95歳、あるいはそれ以上の年齢まで存命する可能性はあるという点です。それにもかかわらず、年金だけでは生活費をまかなえない可能性があるということなので、年金以外にも備えなければなりません。

不安に根拠はあるのか？

ここで問題となるのが、多くの人は年金制度に対して漠然とした不安を感じているにもかかわらず、その仕組みを正確に理解していないということです。逆に、制度の仕組みをきちんと理解していないがゆえに、不安が消えないということがあるのかもしれません。

公的年金だけでは老後資金が不足するとしても、その制度を正しく理解し、自分の老後資金がどれくらい不足する可能性があり、それを補うためにはどういった自己準備をすればいいのか、また、自己準備をするために用意されている制度にはどのようなものがあるのか、といったことを理解していれば「よく分からないけど、漠然と不安」ということは、大部分なくなるのではないでしょうか。

それが、本書を通じたテーマの一つでもある、老後資金あるいはその準備の「見える化」ということにつながっています。

人は、何も見えない暗闇のなかでは怖くて歩くことができません。しかし灯りをつけて周りの状況を見えるようにすれば、安心して歩みを進めることができます。お金の状況も、見える化されていれば、たとえ不足する部分があるとしても、じゃあそれをどうしようかと、前向きに考えを進めることができるようになります。

その意味で、自社の従業員がしっかりと自分のおかれた状況を把握し、将来への道筋がつかめるように、灯りをともしてあげることが経営者の義務だといえるのではないでしょうか。そのために、経営者自身が公的年金や企業年金、退職金制度について基本的な理解をもっておくことが必要です。

日本の年金制度の枠組み

ここから、年金収入について考えていきます。
まず、日本の年金制度は、「3階建て」の構造になっています。[図表1]
年金制度の基礎となる1階部分は「国民年金」です。国民年金は、20歳以上の日本国民であれば全員が加入する、強制加入の制度となっています。
2階以上の部分については、その人の職業などによって、どのような年金制度になっているのかが異なります。

［図表１］ ３階建ての年金制度

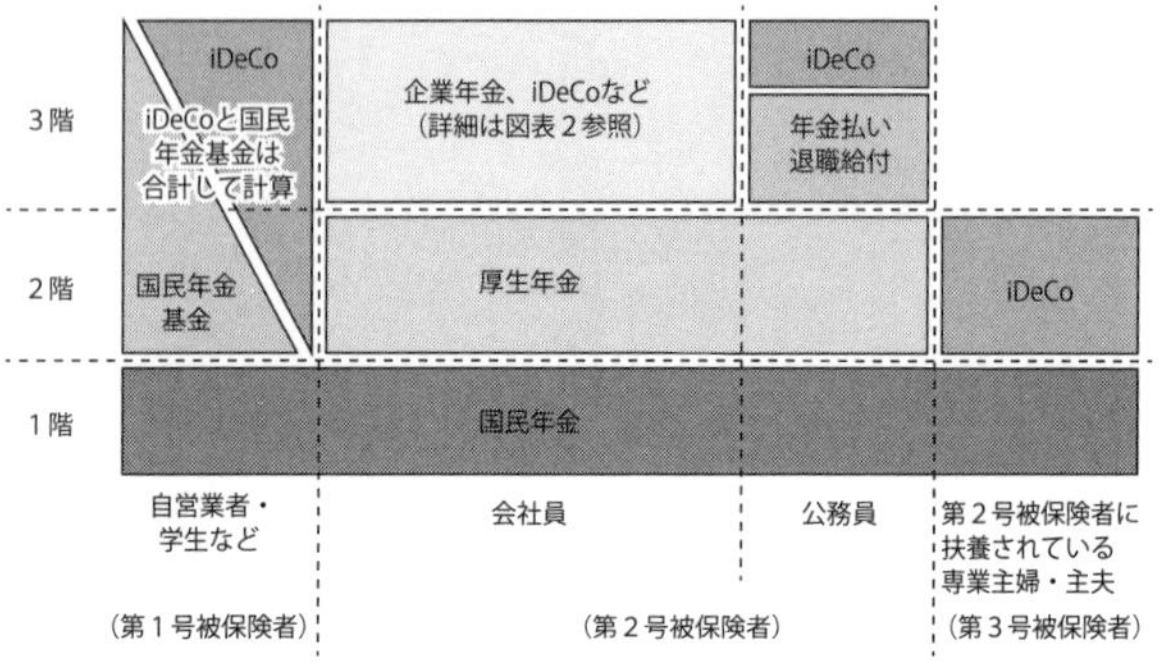

参考：厚生労働省「公的年金制度の仕組み」

まず、会社に雇用されていない自営業者・学生などを「第1号被保険者」といい、会社員・公務員などを「第2号被保険者」、第2号被保険者に扶養されている配偶者（専業主婦・主夫）を「第3号被保険者」といいます。

本書は、会社勤めの人を対象としているので、以後、主に「第2号被保険者」を対象として説明します。

株式会社や有限会社などの法人に勤務する会社員は「2階部分」として、厚生年金に必ず加入します。従業員（一部の短時間労働者などを除く）を厚生年金へ加入させることは、すべての会社の義務です。厚生年金の特徴は、加入者本人（従業員）と、雇用している会社が、保険料を折半していることです。

老後に受け取れる年金としては、1階の国民年金部分については「老齢基礎年金」、2階の厚生年金部分については「老齢厚生年金」となります。

この1階、2階部分を、通常「公的年金」と呼びます。公的年金は、会社員ならだれでも保険料を支払っており、将来受け取れる年金です。

公的年金に、さらに上乗せして加入できるのが3階部分です。3階部分を、公的年金との比較で「私的年金」と呼ぶこともあります。

先に見たように、公的年金だけでは、老後の生活資金は不足する場合が多くなります。そこで、受け取れる年金額を増やして、老後の生活の不安を解消するために用意されている制度が、3階の私的年金というわけです。

3階部分の詳細

会社員の3階部分は、大きく「企業年金」と「個人型確定拠出年金（iDeCo）」とにわかれます。そして、企業年金はさらに、本書で説明していく「企業型確定拠出年金」や、

［図表2］企業の私的年金（3階部分）のパターン

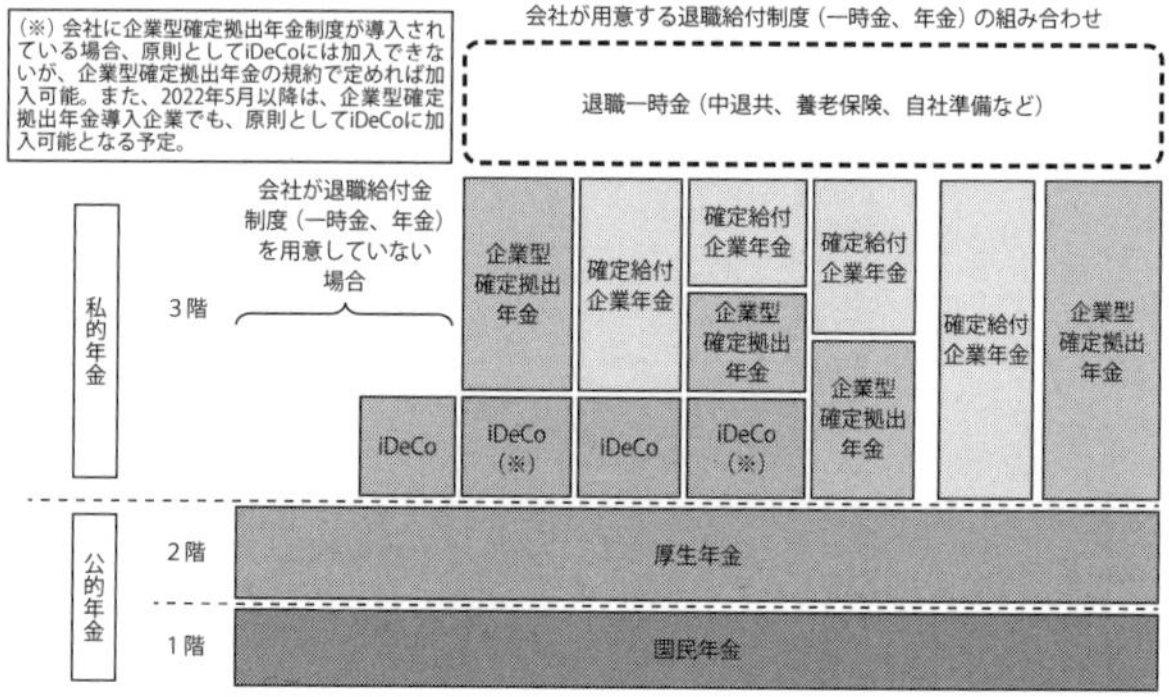

厚生年金基金、確定給付企業年金などの制度があります。

企業年金の各制度は組み合わせて利用することもできます。また、企業年金と、個人型確定拠出年金とは、組み合わせて利用することもできます。［図表2］

2階部分までの公的年金は強制加入ですが、3階部分の制度設計や加入は任意になるので、企業年金を導入するのか、するとしたら、どのような制度設計をするのかなどは、経営者の判断になります。

企業年金がまったく用意されていない会社で、かつ、従業員が個人型確定拠出年金にも加入しないとすれば、従業員の老後の年金資金は公的年金のみとなります。

しかし、公的年金だけでは老後資金として不足する可能性があることは、すでに説明したとおりです。また、先の「生活保障に関する調査」でも、老後生活に対する不安の内容の1位は、「公的年金だけでは不十分」とされているとおり、そのことは広く知られています。

そこで、意識の高い従業員であれば、自分で給料のなかから拠出して、3階部分としての個人型確定拠出年金に加入する人もいるでしょう。しかしそこまでの行動を自発的にする従業員はまれです。また、個人型確定拠出年金に加入したとしても、現在は加入額の上限が、月額2万3000円までとさほど多くないため、(加入する年齢にもよりますが)十分とはいいがたいものがあります。

そのため、会社として用意できる企業年金制度を整えることが大切なのです。

また、3階部分の企業年金や個人型確定拠出年金は、国として国民の老後生活の不安を解消するために用意している制度なので、税制面などの優遇が設けられていることもあり、制度を導入・加入する意義はあります。

ただし、制度を用意するだけでは十分だとはいえません。

ストーリーのなかで「メッセージが伝わっていない」という言葉がありました。企業年金制度を用意すること、また、どのような企業年金制度を用意するのかには、会社が従業員の将来の生活をどれだけ大切に考えているのかが表れています。

しかし、その意義をきちんと伝えないことには、従業員にとっては、まったく「ありがたみ」を感じられないものとなりますし、将来の不安の解消にもつながりません。制度を導入するのであれば、それをしっかり見える化して、繰り返し意義を伝えることがポイントです。

「退職金」「年金」という言葉の意味

さて、一般的に、公的年金以外で会社員の老後資金の備えと考えられているものに、退職金があります。「生活保障に関する調査」でも、3位に「退職金や企業年金だけでは不十分」として、企業年金と並んで退職金に対する不安が挙げられていました。

ここで確認しておきたいのは、経営者の皆さんが、「退職金」と「企業年金」の違いについて正しく理解しているかという点です。ひいては、自社で導入されている退職金、企業年金の制度について正しく理解しているかということにもつながります。

実は「退職金」と「企業年金」を並列に考えること自体が、不正確です。「広義の退職金」は、「退職を契機にして給付するお金」のことであり、「退職給付金」といいます。何を契機として支払われるお金かという観点から見た分類の一つが「退職給付金」だということです。

一方、「年金」というのは、毎年一定額ずつ分割してお金を受け取る「受け取り方」を示す言葉です。退職後に給付される年金は「退職年金」です。では、年金ではない受け取り方は何かといえば、一時にまとめて受け取る「一時金」です。退職後に給付される一時金は「退職一時金」です。この退職一時金が、世間でいわれる「退職金」（狭義の退職金）のイメージでしょう。例えば、先の「退職金や企業年金だけでは不十分」というときの退職金は、退職一時金（狭義の退職金）を指しているということです。

さらに、本来一時金または年金として支払うべき退職給付金を、退職前に支払う方法もあります。これは「前払い退職金」と呼ばれています。これも、退職給付金の一部です。

一方で、企業年金は「年金」という名前がついています。例えば「企業型確定拠出年金」です。これは「年金」という制度名ですが、年金受け取りではなく、退職一時期金として受け取ることもできます。つまり、「企業型確定拠出年金」は、退職給付金の一種であり、一時金（狭義の退職金）として受け取ることもできれば、年金として受け取ることもできる制度なのです。

「退職金」という名前がついている中小企業退職金共済（中退共）も、退職一時金として受け取ることができる一方、一定期間の分割（年金）として受け取ることもできます。

なお、退職一時金と退職年金の両方を併用しても、もちろん問題ありません。

中小企業の退職給付金の準備状況

では、実際にどれくらいの企業が退職給付金制度を用意しているのでしょうか。

厚生労働省の「就労条件総合調査」では、5年に1回、退職金制度について調査しています。2018年調査によると、従業員が30~99人の中小企業では、退職給付（一時金・

年金）がある企業は、77・6％です。また、従業員30～99人で退職給付制度がある中小企業のうち、退職一時金制度のみがある企業が82・1％、退職年金制度のみがある企業が5・4％、両制度を併用している企業が12・5％となっています。

単独制度と併用制度企業を併せると、退職一時金制度を用意している企業は94・6％、退職年金を用意している企業は17・9％になります。

つまり、ほとんどの企業で、退職一時金制度が用意されているのに対して、退職年金を用意している企業は2割にも満たないということです。

退職一時金も、退職年金も、まとまったお金を支払うための資金の準備が必要であり、準備のための各種の方法が用意されています。

▼代表的な退職一時金の準備方法

・社内準備

自社内で預金・借入金などで準備する方法です。管理に手間がかかり、税制的なメリットがありません。

・中小企業退職金共済

勤労者退職金共済機構が運営。新規加入時の助成が得られる、管理に手間がかからないといったメリットがあります。一方で、低金利のためインフレリスクは高くなります。

・特定退職金共済制度

特定の市町村、商工会議所などが運営。内容は中小企業退職金共済と似ています。

・養老保険（福利厚生プラン、ハーフタックスプラン）

会社が契約者、被保険者を従業員として加入する養老保険です。満期保険金・解約返戻金の受取人は会社、死亡保険金の受け取りは従業員の遺族となります。従業員の退職時には、満期保険金・解約返戻金を退職金の原資にします。掛金の半分を会社の損金として計上できるため、「ハーフタックスプラン」とも呼ばれます。

死亡退職金と生存退職金を同時に準備することができますが、2つの目的があるのでその分保険料は割高です。また、中途解約は解約返戻金が少なくなり、インフレのリスクも非常に高くなります。

▼代表的な退職年金の準備方法

・厚生年金基金

厚生年金の上乗せ制度です。2014年以降は新設不可となっており、既存の基金は解散・減少の方向。基金の解散後は、預かった資産を国に代行返上する手続が取られますが、近年では確定給付企業年金または企業型確定拠出年金に移行する企業が増えてきています。

・確定給付企業年金

将来の年金の給付金額が確定している年金制度です。「規約型」と「基金型」とがあり、規約型では会社が契約を結んだ生命保険会社などが、基金型では法人格をもった企業年金基金が年金資産を管理・運用し、年金給付を行います。運用状況によって、確定した給付額に不足が生じそうな場合は、会社が追加の資金を拠出しなければなりません。

・企業型確定拠出年金

拠出額（掛金額）が決まっている一方、将来の給付額は運用結果によって変動する年金制度です。年金資産が加入者ごとに分別されて、加入者が自分で管理運用する点が特徴です。本書で中心的に扱います。

・自社年金

自社で独自に資金を運用して支払う年金。管理や運用が大変なので、中小企業での導入例は少数派です。

退職一時金制度がある企業のうち半数以上が中退共を利用しています。また、退職年金では、企業型確定拠出年金が44・5％で、最多の割合となっています。

ここで注意していただきたいのは、この数値は全企業における割合ではなく、「導入企業における割合」だということです。退職年金を導入している企業は17・9％です。その17・9％の企業のうち、44・5％が企業型確定拠出年金を導入しているということなので、調査対象全体（従業員30～99人の中小企業）から見れば、（17・9％×44・5％）÷100で、約8％に過ぎないということになります。

ちなみに、同調査の2008年、2013年調査と2018年調査を比べると、2012年に廃止となった税制適格退職年金制度や、厚生年金基金の受け皿として、企業型確定拠出年金が伸びている様子が分かります。

［第2章］

退職金・企業年金を見える化！
社員のモチベーションアップが
定着率向上につながる

退職金・企業年金コンサルタント・星川登場

ややふくよかな体型に丸い顔。噛んで含めるようなゆったりした、それでいて迷いのない話し方。パリッと糊のきいたシャツと地味だが上品なジャケット。滝田が会議室で初めて対面した星川和宏の第一印象は「幼稚園の園長先生みたい」だった。だが、星川から受け取った名刺には、「退職金・企業年金コンサルタント」とある。

「なるほど、退職金制度は会社からのメッセージですか、なかなかうまいことを言う人ですね、御社の松本さんは」

もともと柔和な顔つきの星川は、いっそううれしそうな笑顔になった。

(コンサルタントというから、もっとクールで切れる感じの人かと思っていたが、まったく予想外だったな)

滝田はそう思いながら、先日の松本との話を思い出していた。あのあと、滝田は松本の話にも一理あるかもしれないと考えるようになった。なにしろ、彼女は自分と違って毎日現場の社員とともに仕事をし、食事をし、たまには飲みにも行っているのだ。彼女が肌で感じている雰囲気が社内にあるというのなら、それは確かにあるのだろう。

問題は、彼女が言っていたように、社員の退職と福利厚生制度や退職金制度が関係しているのかどうかだ。もし関係しているとすれば、どのようにそれを変えていけばいいか。

自分だけで考えていてもらちがあかないと思った滝田は、大学時代からの友人で、今は野口工業という金属加工会社を経営している、野口桔平に電話で相談してみた。野口から、それなら適任の相談役がいると紹介されたのが星川だった。

「ざっとお話を聞いたところ、御社の状況は、こういうことですね。現在の受注は好調で、社員数はむしろ増やしていかなければならない。ところが現実には退職者が続いていて、補充採用にも時間がかかっている。そのために、残った社員はいつも忙しく疲れが溜まってくる。社内の雰囲気も暗くなり、一言でいえば、元気のない会社になってきた。元気のない会社は、応募者の目から見て魅力がないので、ますます採用が難しくなる。新しい人の採用が難しければ、現場の社員の忙しさは解消されないので、さらなる退職の遠因となります。まさに悪循環ですね」

（社員だけではない……）

と内心だけで滝田は付け加えた。人手不足を補うために滝田自ら現場業務にも手を貸している。そのうえ、当然ながら社長の業務もあるから、毎日遅くまでの残業続きで、滝田自身も最近は相当に疲れを感じるようになっていた。

そんな滝田の気持ちを見透かすかのように、星川は滝田の目をじっと見据えた。

「それで、滝田社長はどうしたいのですか？」

「社員の定着率、それに採用率を上げたいのです。できればいい人材を採用したい。先ほど星川さんは元気のない会社になってきたとおっしゃいましたが、正直、私も最近、それを感じています。しかし、うちの本当の力はこんなものじゃないはずなんです。その力を発揮できれば、タキタケミカルは、今の2倍、3倍にと伸びていけるはずです。私はそう信じています。ですから……」

滝田はちょっと言葉を切った。

「いや、すみません、つい熱くなってしまって。要するに、会社を……、社員を元気にすること、これが私の望みです。そのために、現状の制度のどこに問題があって、どう変えればいいのか、それを教えていただきたいのです」

（野口の紹介とはいえ、果たしてこの人物は信用できるのだろうか？）

滝田はまだ、半信半疑だった。

問題はどこにあるのか？

「どこに問題があるのか、それはだいたい想像がつきます……。少々おたずねしますが、御社の定年は、今は60歳でしたよね。では、例えば松本さん。彼女は今45歳ですが、60歳まで勤めて定年退職したとして、彼女の退職金はいくらくらいになりますか。もちろん、概算でかまいませんし、電卓を叩いて計算してもいいですよ。でも、資料類を見てはだめです」

滝田は、中退共の規定や自社の退職金規程を思い出そうとしたが、数字はよく分からなかった。

「書類を確認すれば分かるのですが……」

「そうですか。では、だれでもいいので、少し手が空いていそうな社員の方を、2人ほど、ここに呼んできてください」

言われるままに滝田は、近くにいた、ベテランと若手の2人の社員を連れてきた。まず星川は、2人の年齢をたずね、39歳と26歳とそれぞれが答えた。

「お2人にお聞きしたいのですが、ご自分が仮に60歳までこの会社で働いたとして、退職金をいくらもらえるか、知っていますか？」

2人はぽかんとして、顔を見合わせてから、

「知らないです」

と39歳の照井が言った。

26歳の丸山は、滝田のほうをちらっと見てから、

「うちの会社、退職金って出るんでしょうか？」

と、逆に星川に質問した。

「ありがとう。仕事に戻っていただいていいですよ」

星川は2人を退室させると、再び滝田に向き合った。

「御社の退職金制度の内容について、失礼ながら、社長もはっきりとはご存じない。社員の方たちもまったく理解していない。理解していないどころか、存在すら忘れかけている

人もいる。たぶん、ほかの社員の人に聞いても同じでしょう。これこそが、社長が先ほどおっしゃった『どこに問題があるのか』、つまり問題の所在そのものなのです。退職金制度があり、貴重な会社の資金を投じておきながら、それがどんな内容なのか、会社はいくら負担していて、社員は将来いくらもらえて、どう役に立つのか、まったく意識されていないことが、です。松本さんが『メッセージが伝わっていない』と言ったのも、たぶん、同じことを感じていたのではないでしょうかね」

会社を元気にする〝特効薬〟はないが……

滝田は腕組みをしながらじっと聞いていた。

「星川さんは、わが社にそういう問題があることはだいたい想像がつくとおっしゃいましたね。それはどうして分かったのですか？」

「あはは。それは簡単なことです。なぜなら、ほとんどの中小企業では、それが意識されていないからです。他社もほとんど、御社と同じなんですよ。あの野口社長の会社、野口工業だって、ほぼ同じ状況でした」

なるほど、野口は自分の会社での実績を踏まえて、星川氏を紹介してくれたというわけか。滝田は合点がいった。

「それで、どうすればいいのでしょうか？」

「滝田社長は、会社を元気にしたいとおっしゃいましたよね。〝これをすればすぐに会社が元気になる〟といった万能特効薬のような施策は、存在しません。しかし、社員が将来に不安をもったままで、安心して働けない状況では、やはり会社を元気にすることは難しいのではないかと思います。つまり、こうなっていては会社が元気になれないだろうと思える要素を、地道に一つずつ取り除いていくしかないのです。それは直接的に、会社を元気にするというよりは、そのための基礎をつくることだといえます。

人間の身体と同じです。喫煙者が禁煙をしたからって、明日から急に体調が良くなって元気になるということはありません。でも、長い目で見れば、禁煙が健康の基礎になることは間違いないのです。大切なのは、喫煙が健康を害するということに気づいて、その習慣を変えることでしょう？

現状の退職金制度が、会社にとってマイナスだと気づいたのなら、それを変えていくことは、長い目で見れば、会社を元気にしていく一つの要素になるはずです」

それから、星川は、タキタケミカルのより詳しい状況をヒアリングし、また、決算書や現行の給与規定、退職金規程、就業規則などの資料を確認し、一部はコピーを取り、その日は帰っていった。

企業型確定拠出年金とは

1週間後、再び来社した星川から、滝田は新しい退職金制度の提案を受けていた。

その提案書には「企業型確定拠出年金」と書かれていた。滝田も、「確定拠出年金」という名前くらいは知っている。

「星川さん、これは『iDeCo』ってやつですよね。新聞や雑誌の広告でよく見かけます」

「いえ。よく誤解されるのですが、確定拠出年金には『企業型』と『個人型』とがあって、iDeCoは個人型確定拠出年金の愛称なんです」

「じゃあ、企業型確定拠出年金の愛称は？」

「企業型確定拠出年金に、愛称はありません。でも、確定拠出年金の英語の頭文字を略して『ＤＣ』というので『企業型ＤＣ』とか、単に『ＤＣ』と呼ばれることがよくあります。『企業型確定拠出年金』では長いですからね」

「そういうことなんですね、分かりました。ところで、『そもそも』というところからお聞きしたいのですが。前回、退職金の見直しということでお話ししていましたよね。企業型確定拠出年金……、えーっと、ＤＣは、『年金』ですよね。退職金はどうなるのですか？　それに、うちは当然、厚生年金に加入していますが、厚生年金とＤＣとは、どう違うのですか」

「ええ。それも、分かりにくいところですよね。まず、公的年金と企業年金の違いを理解してください」

その手の質問には慣れているのであろう。星川は、別の資料を取り出して、現在の日本の年金制度の３階建て構造や、公的年金（国民年金、厚生年金）と企業年金の違いについて簡潔かつ分かりやすく説明した。そして、企業年金と退職金との関係については、次のように話した。

「公的年金と違って、企業年金の場合は、受取金額をまとめて一括で受け取る『一時金』

方式と、分割で受け取る『年金』方式とがあり、受け取る人が選ぶことができるのです。退職時に一時金として受け取るならば、それは退職一時金、いわゆる退職金になりますし、年金として受け取るなら、それは年金になります。

御社も加入している中小企業退職金共済は、「退職金」という名前ですが、一時金で受け取るのではなく、年金のように毎月少しずつ分割で受け取ることもできます。つまり、退職金と企業年金は、まったく別々のものではなく、同じような〝かご〟のなかの制度なのです。ちなみに歴史的に見ても、企業年金は、退職金を変形させるような形で生まれたもので、もともと退職金の一種なのです。ですから、同じ〝かご〟の制度ということは当然といえば当然です」

「なるほど、なるほど。私は今まで、〝退職金〟といえば、退職時に支払う一時金だけで、年金はまったく別のものだと思っていましたが、そういうわけではないのですね。企業年金は、公的年金とはまったく違う性格のものとして理解しなければならないんですね」

滝田は納得したようだった。

企業型確定拠出年金のメリットは〝見える化〟と資産形成

「それで、このＤＣを導入すると、どういうメリットがあるのですか」

「それはもちろん、滝田社長の望みが実現できることですよ」

「私の望み……」

「前回おっしゃっていたでしょう？　『会社と、社員を元気にすること』。これをかなえる〝きっかけ〟になるのが、企業型確定拠出年金だということです。もちろん、これを導入すればすぐに１００％社員が元気になるというわけではありません。しかし、私の経験上、多くの会社で、社員のモチベーションが上がったり定着率が上がったりする傾向が見られています」

「それは、どうしてですか」

「まず、ＤＣは、社員にとって、自分が将来受け取る退職金や年金が〝見える化〟される制度です。そして、単に見える化されるだけではなく、少しずつですが、着実に増えていく様子が見える化されます。つまり、資産形成の見える化です。それにより現在の収入でのライフプランの目途が立ち、余暇にいくら回せるかの算段がつくため、ある程度老後不安も解消され、安心して生活を送れるようになります。将来への安心から生活も充実しますし、それによって目の前の仕事にも迷いなく全力で取り組むことができる、というわけです。そうなれば、最終的には、会社の元気につながっていくと思いませんか？」

滝田の脳裏には、「将来が見えないっていうか……。不安というか……」と話す渡辺の顔が思い浮かんだ。

「その、資産形成の見える化ということについて、もう少し詳しく教えてください」

星川は滝田に資料をめくることをうながし、見ながら説明した。

「まず、一般的な退職金制度や企業年金制度では、分かるのはせいぜい『会社が、あるいは自分が、毎月いくら積み立てているのか』だけで、その運用内容までは分かりません。ところが、確定拠出年金は、社員さんが自分で、積立金額や運用内容を決めなければならないルールです。そのため、何に、いくら運用しているのかということが当然分かります。そして、それまでの運用実績でどれくらい資産が増減しているのかも、すぐに分かります。これが〝見える化〟という意味です。

また、運用内容は、各人の年齢やライフプランによってもちろん変わります。しかし、若い方でリスクを取って積極的な運用をすれば、長期的な平均利回りで年4~5％程度で運用できてきます。もっとも、これはあくまで過去の実績ベースで、将来その実績が続く保証はできませんが……。例えば、今30歳の社員の方が、月に3万円、65歳まで積立をしたとします。年5％の1年複利で運用できるとすれば、35年後には約3300万円になっています。3300万円となれば、老後資金としても、かなりまとまった金額です。

一方、例えば中退共の場合、同じく3万円の掛金で35年間加入した場合の退職金は、約1500万円です。倍以上も違ってきます。中退共だけでは、35年も掛け続けても、『老後2000万円問題』の金額にも届かないので、この差は大きいですよ」

「うちは今、一律1万円しか加入していません。その代わり、自社積立でいくらかの用意をしていますが」

「1万円だと、35年間加入を続けても約500万円にしかなりません。もちろん、ないよりましだといえますが、35年も働いて500万円しかもらえないのは、社員から見ると、どうなんでしょう？　また自社積立で用意しているのはもちろんいいことですが、金額や内容が不透明で流動的になりやすく、社員から見ればブラックボックスです。すると、前回話を聞かせてもらった若手社員の方のように、退職金制度があるかないかも分からない、ということになるのです」

「なるほど、それで〝見える化〟が大切というわけですね」

さらに、と星川は続けた。

「DCが準備されていることは、新卒、中途にかかわらず、採用応募者へのアピールになります。もちろん、すべての応募者がそれを気にしているわけではありませんが、自分の将来設計をしっかり考えて、長期的な視点からキャリア形成について考える応募者ほど、そういう面を重視します。つまり、DCを導入していることにより、長期的にキャリア形成を考えているような、優秀で真面目な社員を集めやすくなる、ということです。もっとも、これはあくまで私や私の仲間がお付き合いさせていただき、制度を導入してもらった会社さんの経験則ですが」

そういえば、と滝田は思い出した。野口に今回の件を相談した際、なんの気なしに野口工業の状況をたずねたところ、優秀な社員が数名増えて、楽しみだというようなことを話していた。そのときには、確定拠出年金の話は出なかったが、もしかしたら、関係あるのかもしれない。

「野口君のところでも、ＤＣを導入したのですか」

「ええ。野口工業さんは、2年前に導入していますね。社員さんたちも喜んでいて、うまくいっています。確か、おかげで新入社員も採用できたと、野口社長がおっしゃっていました」

「なるほど。そういうことだったか……」

滝田は、星川にというより、自分に対してしているように、ゆっくりと何度もうなずいた。

大企業で先行して導入が進んでいる企業型確定拠出年金

２０１８年の調査では、従業員30～99人の中小企業全体のうち、約８％しか企業型確定拠出年金は導入されていません。従業員規模１０００人以上の企業では、全体のうち約46％が企業型確定拠出年金を導入していますので、大企業先行での切り替えが進んでいる状況だといえます。

中小企業で導入が進んでいない理由には、

・制度自体が比較的新しいものなので、中小企業経営者の間ではまだ認知度が低いこと
・それまでに用意している退職給付金制度から移行するのに、一定の手間がかかること
・企業型確定拠出年金にもいくつかの導入パターンがあることから、制度が複雑になり、専任の総務担当者などがいない中小企業では導入のハードルが高いこと
・導入前後にわたって必要となる、従業員教育にかけるリソースがないこと（従業員の理解が得られにくいこと）

などが考えられます。

しかし、今後、大企業での企業型確定拠出年金の導入割合がますます増え、従業員の間でその認知度が広がっていくと、中小企業においても、企業型確定拠出年金を導入していないことが、人材採用や定着率の面で不利になることが考えられます。

それは、大企業において導入されている制度が存在しないことによって見劣りする点に加えて、転職時にそのまま制度を移行できる（ポータビリティ）という企業型確定拠出年金の特徴が関係しています。つまり、これまで企業型確定拠出年金のある会社に勤めていた人が転職する場合、転職先にも企業型確定拠出年金があれば、運用を継続できます。そのため、企業型確定拠出年金が導入されているかどうかが、転職先を決める際の条件の一つになるということです。

今はまだ、企業全体での導入割合は半数以下ですが、大企業ではすでに半数近くで導入されており、年々その割合が伸びていることから、今後は、企業型確定拠出年金を導入していないことによる、人材採用時におけるマイナスの影響はますます強くなっていくものと思われます。

企業型確定拠出年金の「確定拠出」とは?

まず、同じように2000年代に入ってから整備された「確定給付企業年金」と比較しながらその特徴を確認します。

その前に、注意していただきたいのは「仕組み」の名前と「制度」の名前がごっちゃになりやすいので、しっかり区別していただくことです。

そもそも、「確定拠出」や「確定給付」というのは、「仕組み」の名前であり、固有の制度を表す名称ではありません。

年金制度は、あらかじめ毎月掛けていた掛金(拠出金)を原資として、将来に給付金を年金として受け取れるものです。そして、その金額計算の仕組みには、「拠出金額」だけがあらかじめ決まっている方法と、「給付金額」だけがあらかじめ決まっている方法の2種類があります。そのどちらが決まっている(確定している)仕組みなのかを表しているのが、「確定拠出」と「確定給付」という名前の違いです。

・確定拠出年金:掛金額(拠出金額)は決まっているが、将来受け取る給付金額は決まっていない年金制度。

・確定給付年金：将来受け取る給付金額は決まっているが、掛金額（拠出金額）は決まっていない年金制度。

確定拠出年金、確定給付年金というのは、このようにそれぞれ異なる仕組みを採り入れた年金制度の総称であり、一般名詞なのです（固有名詞ではない）。

では、現在、わが国で実在する具体的な制度としては、どんな制度があるかといえば、確定拠出年金には「企業型確定拠出年金」と「個人型確定拠出年金（iDeCo）」の2種類があります。両者はいずれも、確定拠出年金法を根拠とする私的年金です。

一方、確定給付年金は、確定拠出年金以外の年金として存在します。例えば、おなじみの国民年金や厚生年金、厚生年金基金などは、仕組みとしては確定給付タイプの年金です。

そして、企業年金として現在広く利用されているのが、確定給付企業年金法を根拠とする私的年金である「確定給付企業年金」です（一般名詞としての「確定給付年金」と、固有の制度名である「確定給付企業年金」を混同しないように、注意してください）。

両者をまとめると次のようになります。

・確定拠出年金：確定拠出年金法を根拠とする私的年金で、企業型確定拠出年金と、個人型確定拠出年金（iDeCo）とがある。
・確定給付年金：確定給付の仕組みを用いた年金一般を指す。確定給付企業年金、国民年金、厚生年金、厚生年金基金、生損保の個人年金などがある。

企業型確定拠出年金と確定給付企業年金との比較

企業型確定拠出年金と確定給付企業年金の違いの1点目は、先に見たように、「掛金が決まっているのか、給付金が決まっているのか」という点です。

2点目の大きな違いは、拠出した資産をだれが運用管理するのかという点です。

・企業型確定拠出年金：資産は加入者（年金を受け取る個人）が、個人口座で管理・運用する。
・確定給付企業年金　：加入者全員分の資産を、企業がまとめて管理・運用する。

この2点における企業型確定拠出年金と確定給付企業年金の違いを見ることで、企業型確定拠出年金の特徴が浮き彫りになってきます。

▼企業型確定拠出年金の特徴① 年金資金の積立不足が生じない

確定給付企業年金では、将来の年金額を確定させていますが、もし運用状況の変化や加入者の減少などが生じて、給付予定金額に対する積立金額の不足が予測された場合、資金を管理している企業は、追加で資金を拠出しなければなりません。一方、企業型確定拠出年金では、積立不足という事態は生じません。将来までの掛金支払いの予定が安定化します。

▼企業型確定拠出年金の特徴② 会社の財務と年金資産が完全に切り離される

加入者が拠出した掛金は、個人ごとの口座で加入者自身が管理・運用します。会社の財務状況と、個人の年金資産が完全に切り離されます。極端にいえば、会社が倒産しても、それまで支払われた加入者（従業員）の年金資産にはなんの影響もありません。少し専門的な話になりますが、退職給付会計の対象外であるため、会社に退職給付債務も生じません。

▼企業型確定拠出年金の特徴③　年金資産の状況が見える化される

確定給付企業年金では、加入者の年金資産の管理・運用は会社、または年金基金がまとめて行います。そして、掛金の納付、資産運用などの状況について、加入者等への情報開示が行われます。しかし、加入者が自分で管理をするわけではなく、また、必要な拠出額の計算方法が複雑であることなどから、加入者が自分の年金資産の状況を理解することは一般的には困難です。

一方、企業型確定拠出年金では、加入者自身が個人個人の年金資産を管理するため、掛金納付状況や、運用状況は完全に見える化されます。また、リスク・期待リターンの異なる複数の運用対象商品を選択して組み合わせることで、運用内容を加入者本人がコントロールできます。そこから、将来の生活設計に対する意識も高まる傾向があり、就労意識への好影響もあります。

▼企業型確定拠出年金の特徴④ ポータビリティがある（持ち運びができる）

確定給付企業年金は、いつでも解約することが可能であるため、加入者が中途で退職した場合は、その時点で退職一時金の給付を受けることができます。

一方、企業型確定拠出年金は、原則として60歳まで受給することができません。その代わり、中途退職などをした場合、転職先の会社に企業型確定拠出年金制度があれば、その会社の企業型確定拠出年金に資産を引き継ぐことができます。また、転職先に企業型確定拠出年金がない場合や自営業者になる場合などは、個人型確定拠出年金に引き継ぐことも可能です。

▼企業型確定拠出年金の特徴⑤ 運営コストが低い

確定給付企業年金では、全従業員の年金資産の管理・運用、また将来の給付を会社が行わなければなりません。そのためには担当者の人件費を含め、一定の運営事務コストがかかります。

企業型確定拠出年金では、加入者の入退社管理や掛金額変更等の事務負担は支援企業に伝達するだけです。また、運営管理手数料等の費用は発生します。しかし、確定給付企業年金の資産を管理・運用することに比べると一般的には運営コストは低くなります。

▼企業型確定拠出年金の特徴⑥ 企業の実態に応じた制度設計が可能

企業型確定拠出年金には、4パターンの加入形態があり（運営管理機関による→第3章で詳しく説明します）、企業の実状に応じて柔軟な制度設計が可能です。

これらの特徴より、特に規模が小さい（従業員が100人程度まで）の会社においては、確定給付企業年金よりも、企業型確定拠出年金のほうがメリットは大きいと考えられます。実際に従業員が30~99人の中小企業では、退職年金に占める企業型確定拠出年金の割合が高くなっていることがそれを示しています。

企業型確定拠出年金の税制・会計上のメリット

企業型確定拠出年金には、ほかにも税制、会計上のメリットがあります。

①事業主掛金を法人の福利厚生費として損金算入可能。また、従業員の所得税、住民税、社会保険料に影響を与えない

企業型確定拠出年金では、原則として会社が掛金を拠出します。これを「事業主掛金」といいます。事業主掛金は福利厚生費とされ、全額の損金算入が可能です。

一方、事業主掛金は従業員にとっては、給与とみなされません。そのため、従業員の所得税、住民税、社会保険料がアップしてしまうなどの影響は与えません。

さらに「選択制」という方法を使うと、法人・従業員ともに負担している社会保険料を、場合によっては削減することも可能です。

②運用益は非課税

企業型確定拠出年金では、加入者が掛金を投資信託などに投資して運用しますが、その運用から得られた運用益（売却益や分配金）は非課税扱いです。

一方、通常の証券口座などで株式や投資信託に投資して運用益があった場合、所得税等で20・315％が課税されてしまいます（2021年3月現在）。その分、再投資に回せ

る資金が増えるので、長期的に見ると企業型確定拠出年金は、複利効果のため非常に有利な運用が可能です。

③給付時には、受け取り方に応じた控除枠がある

企業型確定拠出年金の老齢給付金を一時金として受け取る場合は、退職所得として課税されます。退職所得には、退職所得控除という非常に幅の大きな控除があるため、課税金額は相当に低くなります。また、年金で受け取る場合は雑所得として課税されますが、この場合は公的年金控除の適用が受けられるため、退職所得ほどではありませんが、一定の課税が圧縮されます。

中小企業退職金共済

中小企業が退職一時金を準備するための制度として人気を誇っているのが、中小企業退職金共済（中退共）です。厚生労働省の「就労条件総合調査」（２０１８年）でも、退職一時金制度がある中小企業（従業員30～99人）のうち、半数以上が中退共に加入していま

した。

　中退共は、自社単独で退職金制度を用意することが難しい中小企業のために国によって用意された、退職金の共済制度です。運営は独立行政法人勤労者退職金共済機構が行っており、2021年3月時点で約37万事業所・354万人が加入しています。

　中退共は、企業が毎月一定額の掛金を納めることで、将来の給付の原資を貯めていきます。掛金は5000円～30000円までで設定可能です（短時間労働者は別設定）。勤続年数などにより、掛金に差をつけることは可能ですが、原則として従業員全員の加入が必要であり、期間労働者などを除いて、一部の従業員だけを加入させるといったことはできません。

　掛金には国の助成制度があり、新規に中退共に加入した場合や掛金を増額した場合は、一定期間、掛金額の2分の1（上限5000円）の助成などが得られます。

　また、退職金の運用、加入者（従業員）への通知、給付などの管理運営は、勤労者退職金共済機構がすべて行ってくれるので、掛金の拠出以外に、企業の運営コストはほとんどかかりません。助成制度があることや、運営コストがほとんどかからないことから、特に規模の小さい中小企業に人気のある退職金制度となっています。

なお、退職金の受け取りは、退職時の一時金が原則ですが、分割（年金）受け取りを選ぶことも加入者の任意で可能です。また、中途退職の場合も受け取れます。

中退共のデメリットと企業型確定拠出年金のメリット

長い歴史があり、多くの中小企業が加入している中退共ですが、企業型確定拠出年金と比べると、デメリットや制限となる部分も多数あります。それらを確認するとともに、企業型確定拠出年金と比較してみます。

①掛金の少なさ

中退共の掛金は最大で1カ月3万円、年間36万円までです。30年間、最大金額を掛けたとしても、掛金総額は1080万円にしかなりません。新入社員、若手社員が加入するにはいいかもしれませんが、掛けられる年数が少なくなる中途入社社員や、中堅、ベテラン社員が新たに加入する場合は、最大掛金を掛けたとしても、将来の受け取り金額が不十分だと感じられるかもしれません。

一方、企業型確定拠出年金では、1カ月5万5000円までと、中退共の約1・8倍の掛金を拠出することができます。

②運用利回りの低さ

中退共から受け取れる退職給付金は、基本退職金+付加退職金となっています。基本退職金の予定運用利回りはおおよそ1%とされています(法律により変更の可能性あり)。また、付加退職金は、そのときの金融情勢にもよりますが、「0」となる年も多く、加えられたとしても非常に低い利回りなので、増えることはほとんど期待できません。また、金利がつくのは加入から4年目以降からです。掛金額の少なさも併せて、中退共だけで十分な老後の生活保障を得ることは難しいと考えられます。

企業型確定拠出年金は、運用内容によって利回りが異なりますが、過去の実績からは、3~5%程度の利回りを期待することは十分可能です。運用期間が長くなればなるほど、運用利回りの差が大きくなります。

③企業規模による制限

中退共に加入できる企業は、規模による制限があります（例：小売業の場合、常用従業員数50人以下または資本金5000万円以下など）。会社が成長してある程度の規模になると加入できなくなります。

企業型確定拠出年金には、企業規模による加入制限はありません。

④社長、役員が加入できない

中退共は、社長や役員は加入することができません。

企業型確定拠出年金は社長や役員も加入可能です。

⑤従業員は原則全員加入させなければならない

中退共は、従業員は原則全員加入しなければなりません。例えば、勤続3年以上の者だけを加入させるといったことはできないのです。

企業型確定拠出年金では、選択制を導入すれば加入は任意です。

⑥加入期間が短いと不利になる

中退共は、長期加入者の退職金を手厚くするように制度が設計されているため、加入期間が短い時点で退職などをすると、極端に不利になります。

例えば、退職給付が支給されるには、加入期間が12カ月以上なければならず、11カ月以下で退職した場合は支給は「0」で、完全な払い損です。また、12カ月以降も、23カ月までの退職の場合、支給額は掛金支払い額よりも少なくなります。

24カ月から42カ月までの間の退職で、ようやく、掛金額と支給額が同じ金額、そして、43カ月以上の加入期間となって初めて、掛金額よりも支給額が多少増え始めるという具合です。

⑦事業主返還ができない

中退共の退職金は、中退共から直接従業員に支払われます。1～3年程度での短期退職者や、トラブルを起こして辞めた社員などに対しても、規定どおりの退職金が満額支払われることを経営者が不満に感じるケースもよく見られます。なお、加入から1年以内に退職した場合は、退職金は支払われませんが、掛金の会社への返還はなく、掛け捨てになります。

企業型確定拠出年金では、加入から3年以内の自己都合の退職時には、掛金相当額を事業主に返還する設定が、規約によって可能です。

中退共から企業型確定拠出年金への移行の問題

会社が中退共を辞めて、ほかの退職給付金制度（企業型確定拠出年金など）を導入しようとする場合、（1）会社合併など、（2）会社規模が大きくなり中退共の加入要件を超えたこと、以外の理由では、それまで掛けた退職金資金の移換ができません。

その場合、一度会社全体として中退共を脱退して、それまでの掛金を一時金として従業員に支払ってもらって清算し、またゼロから新しい退職給付制度をスタートさせることになります。

その際に、従業員に支払われる一時金は、退職時の一時金のような退職所得ではなく、「一時所得」となります。一時所得は、

｛総収入額－収入を得るために支出した金額－特別控除額（最高50万円）｝

であり、その1／2の金額が、総合課税として給与所得などと合算して課税されます。50万円の特別控除があるため、中退共からの一時金の受取金額が50万円以下であれば課税額は0ですが、50万円を超えると課税が発生します。

例えば100万円の一時金であれば、（100万円－50万円）×1／2＝25万円が総合所得に加算されて課税されることになります。また課税方法が他の所得と合算して税率が決められる総合課税であるため、給与所得が高い人ほど税額が高くなります。一方、退職所得として課税される場合は、ほかの所得と切り離された分離課税になります。

加入期間が長く、多額の一時金を受給できる従業員の場合は、給与もそれなりに高い金額になっていると思われますので、退職一時金として受け取った場合と比べて、かなり課税額が大きくなり、手取り額が減ってしまうことが考えられます。

現在、なんの退職給付金制度も用意していない会社が新規で準備する場合、企業型確定拠出年金がおすすめです。

しかし、すでに中退共に長年加入している会社の場合、このような年金資産の移換ができない問題があり、清算時の一時金額が大きくなる加入年数の長い社員がいると、課税上の不利益が生じます。

中退共は従業員全員加入が原則であるため、加入年数の長いベテラン社員だけを継続させて、短い若手社員だけを脱退させるということもできません。

この場合、中退共は継続しつつ、新たに企業型確定拠出年金の選択制を導入し、役員も拠出でき、社員が加入を選択すれば所得税と社会保険料を削減できる（企業側も）という方法が考えられます。

なお、会社が中退共を辞める、あるいは掛金を減額する場合には、従業員の同意が必要です。

企業型確定拠出年金と個人型確定拠出年金の併用

個人型確定拠出年金は、iDeCoの愛称ですっかり普及しています。iDeCoは、もともとは、厚生年金に加入できない自営業者など（第1号被保険者）の2階～3階部分に該当する年金として導入されたものです。

しかし現在ではそれが拡張されて、会社員・公務員（第2号被保険者）、あるいは会社員などに扶養されている配偶者（第3号被保険者）も、加入できるようになりました。

会社員がiDeCoに加入する場合は、3階部分の私的年金となります。3階部分として、企業型確定拠出年金などほかの企業年金制度が会社に導入されていない場合は、従業員はiDeCoに加入できます。また、確定給付型企業年金（DB）等が導入されている場合も、加入できます。

一方、会社に企業型確定拠出年金が導入されている場合、原則としてiDeCoは併用できません。ただし、会社が規約でiDeCoへの加入を認めている場合は、併用可能です。

なお、2022年5月以降は、原則として企業型確定拠出年金とiDeCoの併用が可能となるように、制度が改正される予定です。

ほかの制度の導入状況によって、iDeCoに拠出できる掛金額の上限が変わってきます。

まず、会社に企業年金制度が何もない場合、最大で月額2万3000円までの加入が可能です。次に会社が企業型確定拠出年金を導入していて、規約によりiDeCoへの加入を認めている場合は、企業型確定拠出年金が月額3万5000円、iDeCoが月額2万円、合計で月額5万5000円が上限になります。

さらに、会社が企業型確定拠出年金以外の企業年金を導入している場合、iDeCoは月額1万2000円が上限となります。

企業型確定拠出年金が導入されているほうが、iDeCoのみよりも拠出できる掛金が多くなっており、これが企業型確定拠出年金のメリットの一つです。

また、iDeCoの場合、その手数料は個人が負担することとなり、個人にとってはデメリットとなります。

一方で、企業型確定拠出年金の場合には、その手数料は企業が負担します。これも、加入者にとっては、企業型確定拠出年金のメリットです。

企業型確定拠出年金とiDeCoの社会保険料負担の違い

会社員がiDeCoで支払う掛金は、一度は給与として受け取った金額のなかから支払う形になります。すると、いったんは所得税、住民税が課税されていることになります。しかし、掛金の全額が、小規模企業共済等掛金として、所得控除の対象つまり非課税となるので、年末調整により調整・還付されます。

ところが社会保険料については、掛金部分も社会保険料の算定基礎となっています。つまり、iDeCoに最大額を掛けても、社会保険料を削減する効果はない、ということです。

一方、企業型確定拠出年金の選択制といった拠出タイプの場合、支払った掛金は、給与ではない扱いとなるため、社会保険料の算定基礎が引き下げられることになります。そのため、社会保険料を引き下げる効果があります。

また、会社が給与に上乗せして拠出する標準型の拠出タイプの場合、加入者個人の負担額はゼロで、年金資産の積立ができます。

このようなことから、会社に選択制で企業型確定拠出年金が導入されているのであれば、企業型確定拠出年金に加入したほうが有利であり、会社員がiDeCoに加入するのは、会社に企業型確定拠出年金が導入されていないケースに、ほぼ限られるといえます。

なお、企業型確定拠出年金に加入していた人が転職して、転職先が企業型確定拠出年金を導入していない企業だった場合、前社で掛けていた企業型確定拠出年金の掛金はiDeCoへの移換手続きが必要です。

企業型確定拠出年金で運用できる商品

企業型確定拠出年金では、掛金は加入者（従業員）個々人の口座で管理され、それをどのような商品で運用するのかは、加入者が指示します。運用できる商品は、運営管理機関が用意している商品ラインナップのなかから選びます。「運営管理機関」とは、企業型確定拠出年金において、実際の運営実務を担う金融機関などです。

代表的な商品ラインナップには次のようなものがあります。

▼元本確保型商品

一般の銀行預金と同じように、マイナスになることがない商品です。その代わり大きく増えることもありません。

・定期預金
・年金保険

▼元本変動型商品

元本が減る可能性がある一方、高い利回りが得られる可能性もある商品です。株式や債券などは、個別の銘柄ではなく、まとめて運用される投資信託商品になります。

・国内株式
・海外株式
・国内債券
・海外債券
・ＲＩＥＴ（不動産投資信託）

・バランス型（さまざまなタイプを組み合わせたもの）

また、これらの投資対象による分類とは別に、パッシブ型（インデックス型）とアクティブ型という分類もあります。パッシブ型とは、市場平均に連動させることを目的としているタイプ、アクティブ型とは、市場平均とは関係なく独自の利益を追求するタイプです。

これらの多様な商品ラインナップが用意されているため、加入者がライフステージや好みに応じて、リスクと期待リターン（期待運用利回り）を自分で自由に設計できるところが企業型確定拠出年金のメリットの一つです。

例えば、若くて、長期間運用できる加入者なら、一時的に元本割れするリスクはあっても、長い時間では大きな上昇が見込める株式タイプを中心にするほうがいいかもしれません。

一方、高齢であまり運用期間を長くできず、大きなリスクを取りたくない加入者は、元本確保型商品の割合を増やすという考え方もあります。

ただし、運用益に対して非課税となることが企業型確定拠出年金のメリットの一つなので、現状ではそもそも運用益がほぼゼロになっている定期預金タイプでは、得られるメリットが少ないということもあります。

企業型確定拠出年金による長期投資のメリット

日本の株式市場では、2021年2月にようやく日経平均株価が3万円程度になりました。30年ぶりに高値更新ということで話題になりました。リーマン・ショック後の2009年には8000円を割り込んでいますので、最安値から見れば約4倍になっています。しかし、30年前と同程度、という水準です。

ところが、海外に目を転じると、例えばアメリカの株式市場（ダウ平均）は、30年前（1991年）には2700ドル程度だったものが、直近では3万4000ドル程度まで上昇しています。

この30年間で、実に約13倍にも増えたわけです。30年前に、米国株式型の投資信託を100万円買っていれば、何もしないでただもっているだけで1300万円に増えています。

30年間で13倍に増えたということは、利回りでいうと、年9％の複利運用ということになります。

ただし、これはあくまで過去を振り返った結果に過ぎません。今後の30年間も、同じようにアメリカ株式市場が成長する保証はありません。そこで、分散投資という考え方が必要になります。

将来のことは分からないので、いろいろな対象にわけて投資をしよう、ということです。分散投資をしたとしても、3～5％の利回りを獲得することは十分可能です。例えば、中退共の運用利回りは1％です。利回りが1％でも3％でも、大きな違いはないと考えられるかもしれませんが、利息をさらに運用して利息が利息を生む「複利運用」においては、長く運用すればするほど、いわゆる雪だるま式に資産が増えていくため、1％でも利回りが違えば結果は大きく違ってくるのです。

月1万円を22歳から60歳まで積み立てたとき、利回り1％なら554万円にしかなりませんが、3％なら849万円、5％なら1358万円にも増えるのです（端数処理による誤差あり）。

あえてリスクを取って株式型商品への配分を増やして、このような大きなリターンを狙うことも、企業型確定拠出年金ならば加入者の思いどおりにできます。

［第3章］

会社の掛金負担なしで社員の退職金・年金を用意する方法

意見聴取会

「わが社では現在、退職金制度の見直しを検討しています。今日は、そのことについて会社としての考え方をお伝えするとともに、皆さんの率直なご意見をお聞かせいただきたいと思います」

滝田は、会議室に集められた約30名の社員たちを前に、そう言った。

「最初に、なぜ制度見直しをするのか、その目的を共有したいと思います。それは、社員の皆さんが将来の生活に不安を感じることなく、末永く安心して働ける職場をつくりたいという点につきます。昨今、公的年金への不安を始め、老後資金を含めた将来の生活設計に不安をもつ方が、特に若い世代で増えています。実際に、現在でも公的年金だけでは老後の生活資金としては不十分ですし、今後は、支給額削減、支給開始年齢引き上げなどにより、ますます不足したものとなるでしょう。これは、人口減少という大きな流れを背景にしているので、避けられないものです。そこで、会社として、不十分な公的年金を補える可能性がある制度を用意したいと考えているのです」

先日来、星川から確定拠出年金についていろいろ教えてもらい、また、彼自身も書籍などで勉強をして、どうやらタキタケミカルには企業型確定拠出年金を導入するのが良さそうだと思うようになった。

ただ、滝田がずっと気になっていたのは、「経営者の考えがメッセージとして社員にきちんと伝わっていないのではないか」という松本の言葉だ。

確かに、いくら制度を改編したり新制度を導入したりしても、それを経営者だけで決めて、あとはそれに従えということであっては、その制度に込めたメッセージは伝わらないのかもしれない。そして、そのメッセージが伝わらなければ、会社を元気にするという最終的な目的は達成できないだろう。そう考えた滝田は、星川に相談した。

「おっしゃるとおりです」

と星川は大きくうなずいた。

「企業型確定拠出年金は、制度を導入することが最終目的ではありません。滝田社長がおっしゃっていたとおり、会社と社員に元気になってもらうことこそ目的です。そのためには、しつこいくらいに、滝田社長の意図をメッセージとして伝え、本当の目的を理解してもらう機会を設けることが必要です。その手始めに、社員さんを集めて意見聴取会を開いてはいかがでしょうか」

さらに、星川は付け加えた。

「それに、中退共を辞めるとか、減額するといった場合は、社員さんの同意が必要なので、どっちにしても意見の聴取は必要です」

こうして、企業型確定拠出年金導入に関する意見聴取会が開催されることになった。

あらかじめ、現状のタキタケミカルの退職金制度（中退共＋自主積立による退職一時金）と、新たに導入を検討している企業型確定拠出年金の概要については、星川に用意してもらった資料を、１週間前に配布している。

ただ、資料を渡したからといって全員がそれをきちんと読んで理解しているわけではない。というより、おそらく大半の社員は斜め読みしただけで、さほど理解はしていないだろう。

そこで、意見聴取会では、まず現状のタキタケミカルの退職金制度と、企業型確定拠出年金の概要について、星川から社員に説明してもらった。そのうえで、現在の制度から、新たに企業型確定拠出年金へ移行することを検討していることを、滝田から話した。

確定拠出年金にした場合の予定受け取り金額や、中退共と比較したときの差については、多くの社員は明らかに強い興味を示しているようであり、滝田は手応えを感じていた。

社員たちの意外な反応

ところが、次の質疑応答の時間になると、新制度への切り替えに反対、あるいは疑問を呈する声が続出した。(このままなら、特に反対もなくスムーズに導入できそうだ) という滝田の思惑は、完全に外れた。

まず、強く反対したのは、40代後半から、50代のベテラン社員たちだった。

いわく、自分たちは、あと10～15年ほどで定年になるのだから、今さら確定拠出年金に切り替えられたところで、長期間の運用はできないし、大きく資産を増やすこともできないのではないか。また、中退共を解約した場合、現時点での退職金の代わりに支給される解約金は、一時所得になり、税金面で損をする。残りが10～15年しかないのなら、今の時点で切り替えるよりも、このまま中退共を続けてほしい。そんな声がベテラン社員には多かった。

一方、20代、30代の若手、中堅社員では、ぜひ導入してほしいと積極的に望む人が半数ほどだった。だが、自分で年金の資金を運用するなど、面倒だし、よく分からないのでやりたくないという理由による、消極的な反対の声も半数近くあった。

また、30代の中堅社員からは、老後の不安も確かにあるが、それよりも目先の住宅ローンや子どもの教育資金が必要だ、という意見も出された。

多少の反対はあるかもしれないが、大半の社員は賛成してくれるだろうと考えていた滝田にとって、これはまったく想定外の事態であり、聞いているうちに滝田はだんだん顔色が悪くなっていった。

1回目の意見聴取会を終えて……

「いやあ、良かったですね」

意見聴取会後、社長室で星川はにこにこしながら滝田にそう言った。

「何が良かったんですか？　半分以上の社員は反対だったじゃないですか！」

滝田は、つい語気を荒げたが、星川はまったく意に介していないような涼しい顔で続けた。

「ええ。だからこそ、その意見を直接聞けてよかったじゃないですか。もし、意見を聞かずに新制度を導入していたら、それこそ社員さんたちは深く失望していたでしょう。導入前にしっかり意見を聞けたことは、なによりでしたよ」

「……。しかし、どうするんですか？」

「今日出されていた反対意見は、すべて解決できます。解決策を含めて新制度を導入すればいいんですよ。そうすれば、今日反対していた社員さんたちも、反対の理由がなくなるのだから、賛成してくれます。それどころか、『自分たちの意見が採り入れられた』と思うので、反対していた人たちほど、より積極的に賛成してくれるようになるのです。私のこれまでの経験上、まずそうなると思います」

「そういうものですか……。それで、どうやって解決するのですか？」

星川の説明は、次のような内容だった。

・中退共は、現社員については、現状のまま加入を続ける。そのため、ベテラン社員が感じる、中退共解約に伴うデメリットはなくなる。また、今後の新入社員については、最低金額での加入を続ける（中退共は全員加入が原則であるため）。
・それに加えて、企業型確定拠出年金の「選択制」を導入する。選択制では加入が任意であるため、退職金や年金額を増やすことよりも、目先の手取り額を増やしたいという人は、加入しないこともできる。
・全社員に資産運用の基礎知識を得られるよう、研修プランを用意し、会社負担により定期的に研修を続ける。これにより、資産運用の知識に対する不安を解消する。
・運用金額を選ぶだけのパッケージ化された商品を用意する。これにより、面倒なことはしたくないという社員の不安を解消する。

「このような形で新制度を導入すれば、今日出されていた反対意見のほとんどはなくなるはずです」

「なるほど。中退共か確定拠出年金か、二者択一というわけじゃなくて、併存でもいいのか。これは気づかなかったな。確かにこれなら、どんな社員でも満足できる制度にできそうですね。さすがですね、星川さん」

こうして、滝田は、２週間後に、２回目の意見聴取会を開いた。前回出された反対意見を踏まえて、その懸念や疑問が解消されることを説明した。前回と違って、明確な反対意見は出されず、細かい技術的な疑問――例えば、中途退職時の扱いなど――に関する質問がいくつかあった程度で、全体としては歓迎ムードであった。

こうして、タキタケミカルでは企業型確定拠出年金選択制の導入を進めることとなり、さらに具体的な制度設計を詰めていくことになった。

（やれやれ、これで一安心だ。とりあえず峠は越えたな）

そう思ってほっとした滝田だったが、それから数日後に、自分が災難に見舞われることになるとは、このときは想像もしていなかった。

企業型確定拠出年金は4タイプの拠出設計が可能

企業型確定拠出年金の「拠出設計」には、４つのタイプがあります（ただし、これは運営管理機関によって異なります。この点については、本章の最後で補足説明します）。

「拠出設計」とは、企業型確定拠出年金の掛金（毎月３０００円から１０００円単位で設定可能。５万５０００円が上限）を、だれがどうやって拠出するのかという点に関する制度設計です。つまり「運用」や「受け取り」には直接関係ありません。あくまで掛金の拠出という観点からのタイプ分類だということを押さえてください。

拠出設計には、①標準タイプ、②選択制、③混合タイプ、④マッチング拠出の４タイプがあります。このように多様な拠出設計が用意されているため、導入企業の実状に応じて柔軟な設計が可能であることが、企業型確定拠出年金の特長です。

まずは、それぞれのタイプの概要、税金や社会保険料への影響、メリット・デメリットを確認します。そのうえで、本書で「おすすめ」であると考えている、「選択制」の詳細

［図表3］標準タイプ

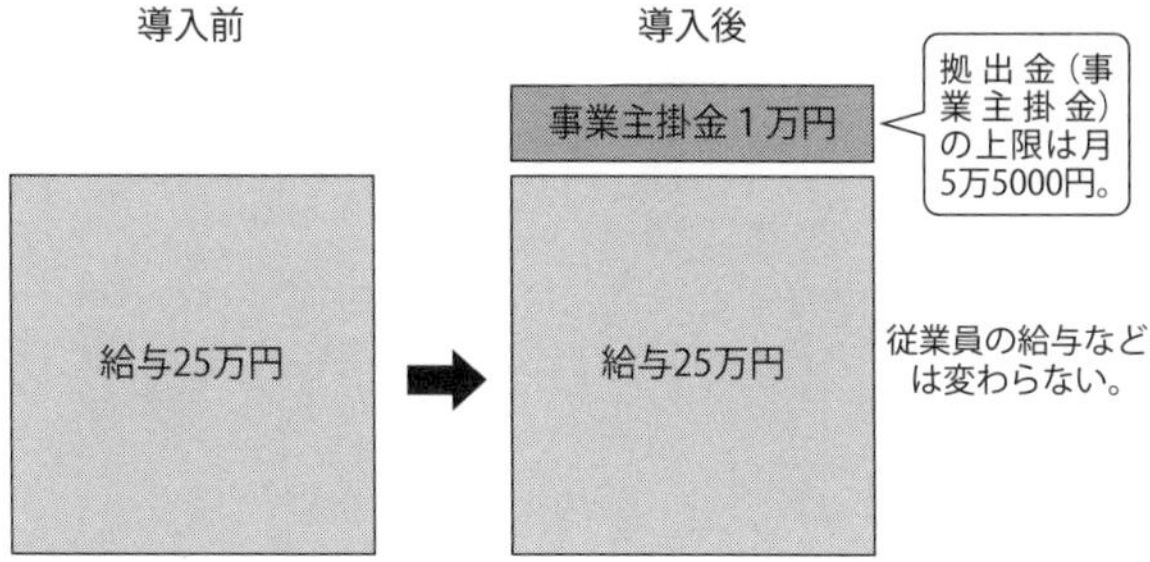

について解説します。

①標準タイプの概要

標準タイプとは、従業員に支払っている給与とは「別枠」で確定拠出年金の掛金を設定する方式です。現行の給与制度はそのまま維持して、そこに企業型確定拠出年金を「上乗せ」するイメージです。［図表3］

加入者である従業員の確定拠出年金口座に掛金を拠出するのは企業であり（事業主掛金）企業にとっては、これまでどおりの給与支払いに加えて、事業主掛金を支出することになります。一方、従業員が受け取る給与は変更ありません。

例えば、これまで月25万円の給与を支払っていた企業が、月1万円の掛金を追加で拠出するということです（計算の簡便化のため、給与はすべて基本給で、手当はないと仮定します。以下、すべて同様です）。

この方式は、従来、確定給付企業年金制度や、退職一時金制度を導入していた企業が、確定拠出年金制度へと移行する場合などに、しばしば用いられます。

なぜなら、給与制度の変更が必要ないうえ、企業側としてもこれまでの退職給付債務として計上していたものを、以後は確定拠出年金の掛金とすればよく、移行へのハードルが比較的低いためです。

②選択制の概要

選択制とは、従業員給与の一部を「生涯設計手当」等の手当金に変更し、そのうちの任意の金額を確定拠出年金の掛金として拠出するか、それとも「前払い退職金」として、給与とともに受け取るかを、従業員が個々に選択できる方式です。［図表4］

制度の導入により、これまで全額を基本給として支払っていたものを、基本給＋生涯設計手当として支払うことになるということで、企業が支払う金額の総額は変わりません

（もちろん、総額を増やすように設計することも可能です）。

例えば、今までは、月25万円の基本給を支払っていたところを、基本給23万円＋生涯設計手当は2万円と変更するということです。

そして、従業員が、例えば、2万円の生涯設計手当をそのまま全額、企業型確定拠出年金の拠出金にするという選択をすれば、その2万円は事業主掛金として、その従業員の企業型確定拠出年金口座に入金されます。

また、2万円の生涯設計手当のうち、1万円だけを企業型確定拠出年金に拠出し、残りの1万円は手当金として受け取る、あるいは、企業型確定拠出年金には拠出せず（企業型確定拠出年金に加入しないということ）、2万の全額を手当金として受け取るということを選択することもできます。

この場合に、手当金として受け取る1万円、あるいは2万円の金額が「前払い退職金」と呼ばれます。つまり、将来退職給付金として受け取れる金額を、あらかじめ分割で受け取っているイメージです。

［図表４］選択制

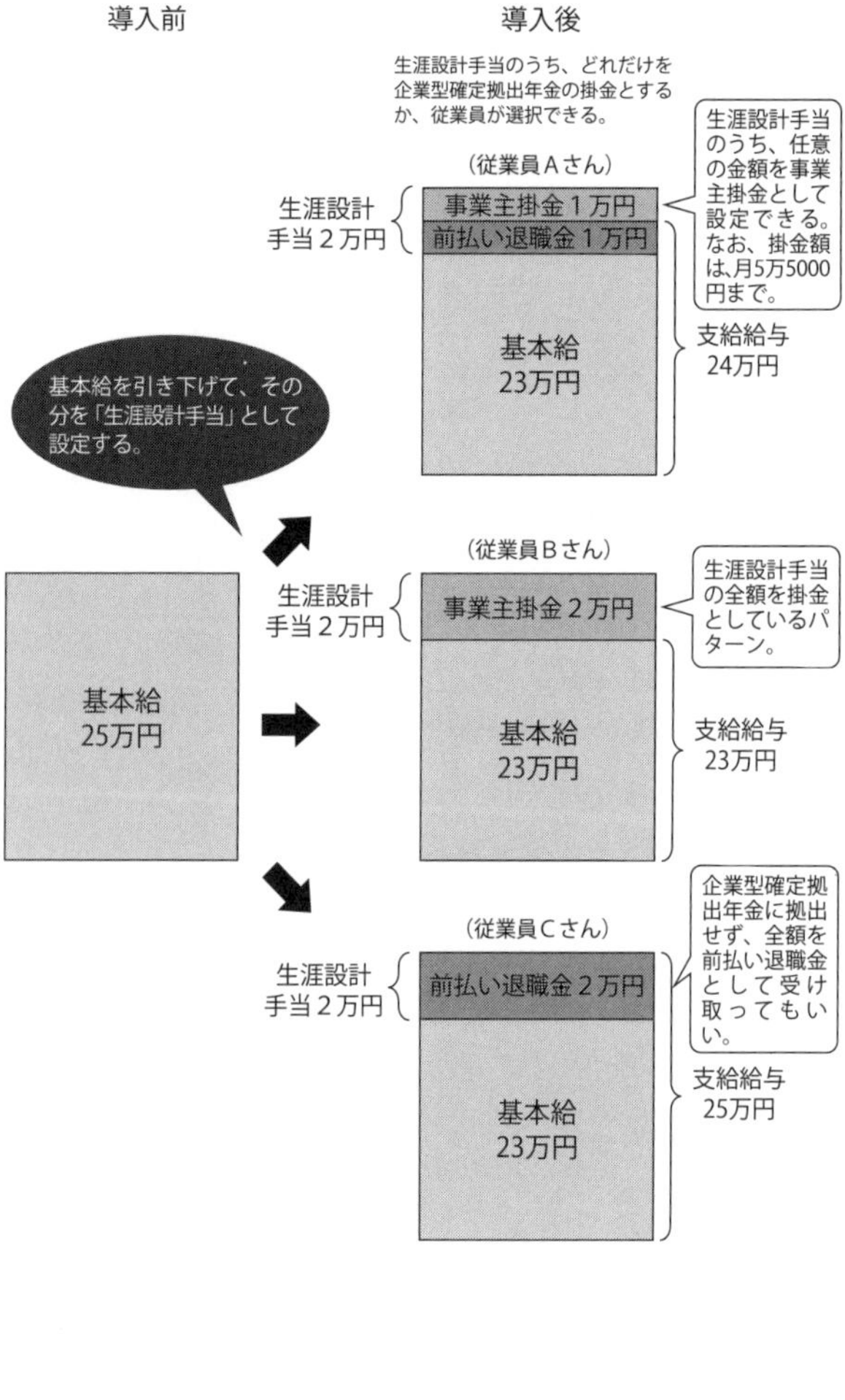

導入前
導入後
生涯設計手当のうち、どれだけを企業型確定拠出年金の掛金とするか、従業員が選択できる。
（従業員Ａさん）
生涯設計手当２万円
事業主掛金１万円
前払い退職金１万円
基本給23万円
支給給与24万円
生涯設計手当のうち、任意の金額を事業主掛金として設定できる。なお、掛金額は、月5万5000円まで。
基本給を引き下げて、その分を「生涯設計手当」として設定する。
基本給25万円
（従業員Ｂさん）
生涯設計手当２万円
事業主掛金２万円
基本給23万円
支給給与23万円
生涯設計手当の全額を掛金としているパターン。
（従業員Ｃさん）
生涯設計手当２万円
前払い退職金２万円
基本給23万円
支給給与25万円
企業型確定拠出年金に拠出せず、全額を前払い退職金として受け取ってもいい。

パターン①：基本給23万円＋生涯設計手当2万円（うち、1万円を確定拠出年金の掛金とする）↓都合24万円支給
パターン②：基本給23万円＋生涯設計手当2万円（掛金は0）↓都合25万円支給

なお、設定できる生涯設計手当＝拠出できる掛金の上限は、月5万5000円です。

③混合タイプの概要

混合タイプとは、標準タイプと選択制とを組み合わせて確定拠出年金の掛金を設定する、ハイブリッド方式です。［図表5］

掛金の一部は、標準タイプで説明したとおり、給与とは別枠で企業が負担します。そのうえで、選択制と同様に給与の一部を手当に移行し、その手当のうちいくらを確定拠出年金の掛金とするのかについては、加入者である従業員等が決定する形です。

例えば、基本給25万円だったものを、基本給23万円＋生涯設計手当2万円にします。そのうえで、それとは別に会社が上乗せで1万円の掛金を支払うということです。当然、会社

の支出は1万円分増えます。

選択制だと、従業員が企業型確定拠出年金に加入しないことも可能になります。しかし、それでは、「従業員の老後の生活資金を準備する」という、会社がそもそも企業型確定拠出年金を導入する目的から外れてしまいます。そこで、一部だけでも会社が掛金負担をすることで、最低限の保障は確保しようというのが、混合タイプの考え方です。

なお、生涯設計手当＝拠出できる掛金と、上乗せ部分との合計額の上限は、月5万5000円です。

④マッチング拠出の概要

マッチング拠出とは、企業が負担する事業主掛金に加え、従業員が給与から任意の掛金を拠出する方式です。［図表6］

一見、混合タイプと似ているように見えますが、混合タイプのように給与の一部を手当に移行して基本給を減らすわけではありません。

給与は従来どおり全額支給されますが、その支給された給与のなかから、希望する従業

[図表5] 混合タイプ

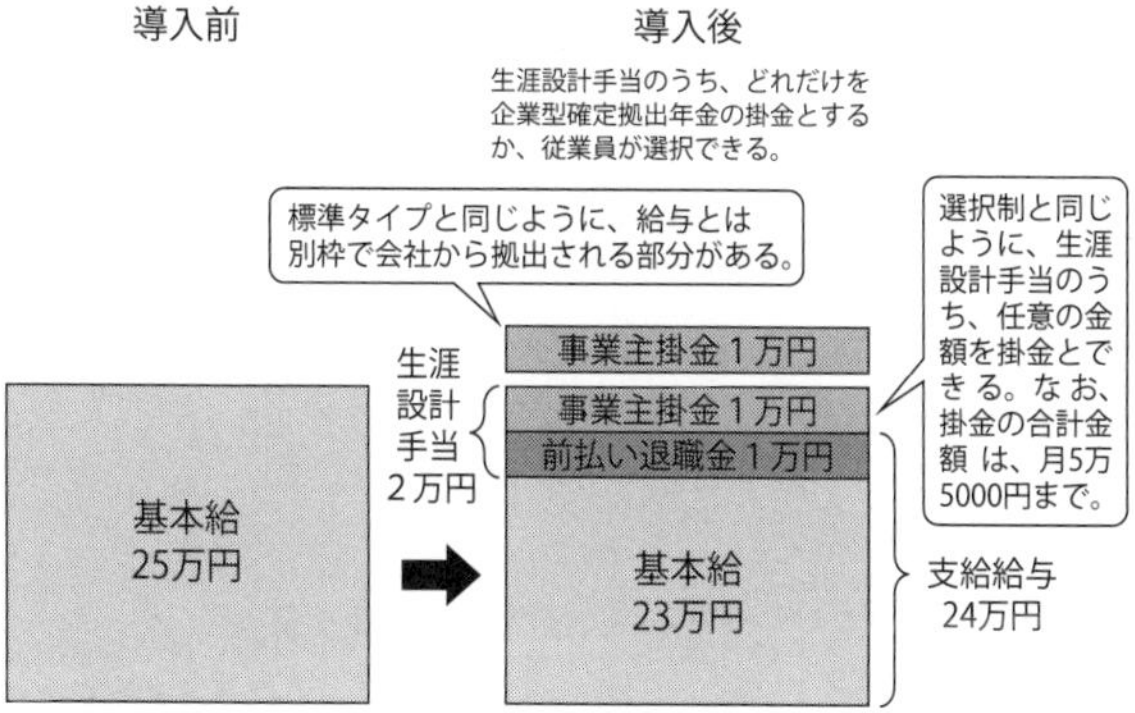
導入前
導入後
生涯設計手当のうち、どれだけを
企業型確定拠出年金の掛金とするか、従業員が選択できる。
標準タイプと同じように、給与とは
別枠で会社から拠出される部分がある。
選択制と同じように、生涯設計手当のうち、任意の金額を掛金とできる。なお、掛金の合計金額は、月5万5000円まで。
事業主掛金1万円
生涯設計手当2万円
事業主掛金1万円
前払い退職金1万円
基本給25万円
基本給23万円
支給給与24万円

[図表6] マッチング拠出

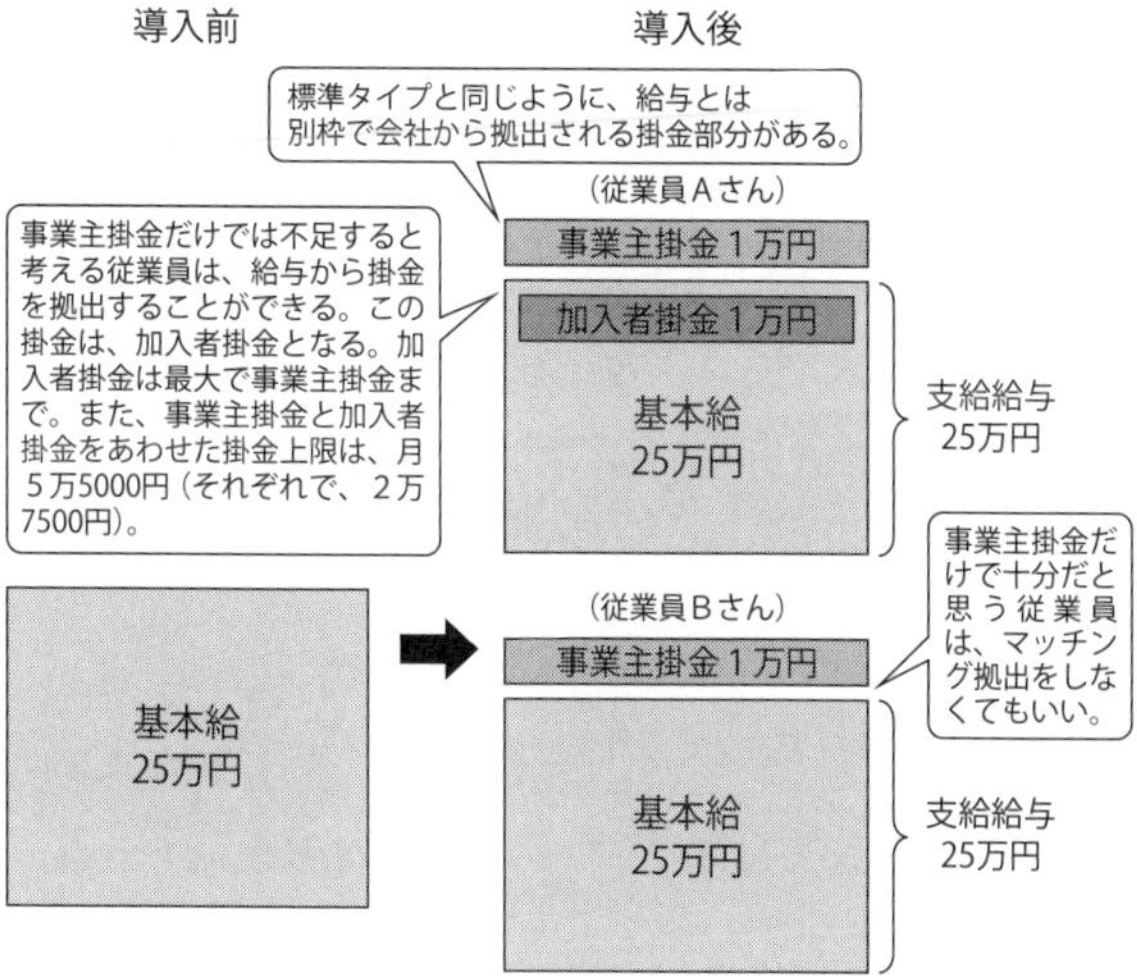
導入前
導入後
標準タイプと同じように、給与とは
別枠で会社から拠出される掛金部分がある。
(従業員Aさん)
事業主掛金だけでは不足すると考える従業員は、給与から掛金を拠出することができる。この掛金は、加入者掛金となる。加入者掛金は最大で事業主掛金まで。また、事業主掛金と加入者掛金をあわせた掛金上限は、月5万5000円(それぞれで、2万7500円)。
事業主掛金1万円
加入者掛金1万円
基本給25万円
支給給与25万円
基本給25万円
(従業員Bさん)
事業主掛金だけで十分だと思う従業員は、マッチング拠出をしなくてもいい。
事業主掛金1万円
基本給25万円
支給給与25万円

員のみが、確定拠出年金の掛金を、追加で負担することができるのです。標準タイプ＋従業員の個人拠出というイメージです。

例えば、標準タイプにより、会社が月1万円の掛金を拠出をしているとき、「月1万円では老後の生活資金には足りない」と考えた従業員が、支給された給与のなかから1万円を追加で拠出できるというわけです。

この1万円を、例えば、個人の銀行口座で積み立て預金をしたり、通常の証券口座で金融商品に投資したりすることもできますが、第2章で述べたように、企業型確定拠出年金には税制上の優遇措置がいくつもあります。そこで、有利な企業型確定拠出年金で運用したいという人のために、この制度が設けられました。

ただし、マッチング拠出により従業員が拠出できる金額は、会社が拠出する事業主掛金の範囲内に限られます。また事業主掛金と従業員が拠出する掛金をあわせて、上限は月5万5000円です。

企業型確定拠出年金の掛金拠出による税金、社会保険料への影響

次に、各タイプの拠出金の税金、社会保険料への影響を確認します。なお、ここでも、拠出金に関する税金、社会保険料への影響であり、運用や給付の段階については、どのタイプでも変わりはない点に注意してください。

まず、法人税に関してですが、どのタイプでも全額が損金として計上できます。これは、確定給付企業年金や中退共の掛金と同じです。

一方、個人の所得税、住民税、社会保険料への影響は、タイプによって異なります。また、社会保険料の法人負担分についても同様です。それらは以下で見ていきます。

なお、社会保険料は、厚生年金保険料、健康保険料、雇用保険料の合計です。

①標準タイプ

標準タイプの拠出は、従業員の所得税、住民税、社会保険料には影響しません。そもそも、従業員側には掛金負担がなく、受け取る給与額に変化がないためです。

当然、法人の社会保険料にも影響はありません。ただし、追加的に支払う掛金の全額は法人の損金に算入可能であり、法人税を軽減する効果はあります。ただし、キャッシュという観点から見れば、追加的に支払うキャッシュ（事業主掛金）が法人税率分だけ削減されるというだけであり、当然ながらキャッシュアウトが純減するわけではありません。

②選択制

選択制により、生涯設計手当とされたなかから企業型確定拠出年金へ掛金を支払う場合、その掛金として設定した金額は天引きされて、会社から運営管理機関に支払われます。その金額は、最初から給与とはみなされないため、その分、従業員の所得税、住民税、社会保険料を引き下げる効果があります。

ただし、社会保険料算定の基準となる「標準報酬月額」は、等級制（段階制）であるため、掛金を支払う前後で給与額が変わったとしても、等級が変わらない場合、社会保険料は変わりません。

また、社会保険料の法人負担分も、従業員と同様に削減されます。したがって、選択制の導入は会社にとっては、社会保険料引き下げの経済効果があります。

③混合タイプ

選択制による生涯設計手当部分について、企業型確定拠出年金に加入して掛金を拠出すれば、選択制と同様に、従業員の所得税、住民税、社会保険料を引き下げる効果があります。

また、法人の社会保険料負担分も、選択制と同様に削減されます。

給与に上乗せする標準タイプの金額部分については、①標準タイプで説明したように、個人の所得税、住民税、社会保険料への影響はありません。

④マッチング拠出

マッチング拠出により、従業員が拠出する掛金部分は、選択制とは異なり、いったんは給与所得に含まれます。したがって、その時点では所得税、住民税、社会保険料への影響はありません。

しかし、従業員が負担した掛金は、その全額が小規模企業型共済等掛金控除として、所得控除の対象となります。同控除は、通常年末調整により調整されて還付されます。結果として、所得税、住民税を軽減する効果はあります。ただし、社会保険料へは影響を与えません。

また、法人の社会保険料負担にも影響はありません。

企業型確定拠出年金導入の各タイプの労使合意について

企業型確定拠出年金を新たに導入するためには、労使合意が必要です（確定給付企業年金でも同様）。労使合意とは、従業員の過半数が加入する労働組合、労働組合がない場合は、従業員の過半数を代表する代表者と会社との間での合意です。

退職一時金の自社準備や、中退共への加入については、労使合意は必要ありません。それが求められる企業型確定拠出年金などは、従業員の意向を相対的に強く反映させる制度になっているといえます。

では、導入時の労使合意の観点から見た際の、各タイプの違いを確認します。

①標準タイプ

もともとほかの年金制度がなく、初めて退職給付金制度を導入する場合には、標準型の導入はスムーズに合意が得られるはずです。

なぜなら、従業員にとってはやたらな負担が生じるわけではなく、メリットしかないためです。一方、確定給付企業年金や厚生年金基金などほかの年金制度から移行する場合も、年金資産の移換が可能であるため、比較的スムーズな合意が可能かと思われます。

一方、中退共からの移行については、第2章で確認したとおり、年金資産の移換が原則として不可能なため、中退共を完全に脱退しての移行は、ハードルが高くなります。当面の間は制度を併用するといった工夫が求められます。

②選択制

選択制による確定拠出年金制度の導入は、標準型より労使合意のハードルが高くなります。前述のとおり、基本給を減額し、それと同額の生涯設計手当（名称は任意）を新たに設定します。総支給額に変更は生じないものの、給与の支払項目に変更をきたすので、就業規則（給与規定）等の変更が必要です。

後で詳しく述べますが、給与の減額により将来の公的年金（厚生年金）の受給額にも影響が及ぶほか、労災保険、社会保険、雇用保険等において、給与の支給額をベースに支給が算定される給付金については、影響が及びます。

また、時間外手当や賞与額などの計算の方法において、企業型確定拠出年金に加入した従業員が不利益にならないように、給与規定の変更が必要になります。

これらの点に関しては、制度設計や従業員への説明を行う必要があるでしょう。

③混合タイプ

混合タイプの場合、選択制に関する部分は右と同様です。

④マッチング拠出

マッチング拠出の場合には、選択制と異なり給与の減額を伴いません。そして、事業主掛金の部分は、標準タイプと同じ考え方で従業員の負担にはならず、追加拠出をしたい人だけがすればよく、拠出をしたくない人は拠出をしなければ、給与額は従来と何ら変わりがありません。給与の支給方法に変更は生じません。

従業員メリットを最大にするには

さて、4タイプの拠出設計のうち、どれがいちばんいいのでしょうか？

従業員からすれば、標準タイプで、最大金額（月5万5000円）を会社が拠出してくれるのがベストです。これは単純化して考えると、「会社のお金を非課税（税＋社会保険料）で、加入者個人の年金口座に積み立ててくれる」ということにほかならず、メリットは非常に大きくなります。

もし仮に、この5万5000円を普通に給料のアップ分として受け取ったとすると、そこから所得税、住民税、社会保険料が差し引かれます。仮に合計負担率を35％とすると（30歳の独身の人の場合）、会社が給与として支払った5万5000円は、手取りで約3万5750円に減ってしまいます。その全額を老後資金のための積立投資に回したとしても、企業型確定拠出年金で積み立てるのと比べて大きなマイナスの結果となることは明らかです。

非課税（税＋社会保険料）で年金資産を積立できる点が、企業型確定拠出年金の大きなメリットです。もし会社の財務に十分な余裕があるのなら、標準タイプでの導入を検討すると、従業員メリットは最大になります。

しかし実際のところ、一般的な中小企業で従業員1人につき毎月5万5０００円、年間66万円の負担増を許容できる会社はごくわずかだと思われます。

これは、従業員30名の会社なら、年間で約２０００万円の費用増加になります。企業型確定拠出年金の導入により、従業員の採用率や定着率の向上、モチベーション上昇といった効果が得られるとしても、毎年２０００万円の費用増加に匹敵するほどの効果かと問われれば、疑問を感じる経営者が多いはずです。

仮に会社が負担する掛金が1人あたり月3万円、あるいは2万円ということであったとしても、それが1年限りのことではなく、将来にわたってずっと続くことを考えると、簡単には導入に踏み切れないというのが、大多数の経営者の本音というところです。

選択制なら、会社にも従業員にもキャッシュが増える

そこで、選択制、または混合タイプの導入が検討されます。

選択制の場合、会社が追加で支払う費用負担はありません。それどころか、多くの場合、社会保険料の会社負担分が減ることにより、キャッシュの純増が生じます。従業員に将来まで安心できる年金制度を用意したうえで、さらに会社のキャッシュが増えるという制度になるのです。

一方、従業員から見るとどうなるでしょうか。

多くの従業員は、将来に備えて、なんらかの預金などをしていることが普通です。その場合、手取り給与から積み立てているため、先にも述べたように、税・社会保険料が差し引かれた、課税後の金額で積み立てるということになります。

ところが、選択制の場合は、企業型確定拠出年金の掛金は課税前の額面金額から拠出でき、それを差し引いた部分に税、社会保険料がかかることになります。

（A）個人で将来に備えた預金をする場合

①基本給が25万円　↓　②25万円に対して税・社会保険料を支払う　↓　③残った手取り金額から1万円を預金

（B）企業型確定拠出年金（選択制）の場合

①基本給23万＋生涯設計手当2万円　↓　②生涯設計手当のうち1万円を企業型確定拠出年金の掛金として拠出（支給総額は24万円）　↓　③24万円に対して税・社会保険料がかかる

（A）も（B）も、毎月1万円を積み立てていくという点では同じです。ところが、（A）の②でかかる税・社会保険料と、（B）の③でかかる税・社会保険料を比べれば、当然ながら後者のほうが低くなります。（B）企業型確定拠出年金（選択制）の場合のほうが、従業員が使える「手取り金額」は増えるというわけです。［図表7］

［図表７］選択制の税、社会保険料削減効果

年齢30歳（会社員）
給与（現状）：25万円

▶

年齢30歳（会社員）
給与（積立後）：24万円
確定拠出年金掛金：10,000円

	加入前		加入後		加入効果	
	月額	年額	月額	年額	月額	年額
給与	250,000円	3,000,000円	230,000円	2,760,000円		
生涯設計手当	—	—	20,000円	240,000円		
確定拠出年金掛金	—	—	-10,000円	-120,000円		
総支給額	250,000円	3,000,000円	240,000円	2,880,000円		
厚生年金保険料	23,790円	285,480円	21,960円	263,520円	-1,830円	-21,960円
健康保険料	12,831円	153,972円	11,844円	142,128円	-987円	-11,844円
雇用保険料	750円	9,000円	720円	8,640円	-30円	-360円
社会保険料合計	37,371円	448,452円	34,524円	414,288円	-2,847円	-34,164円
	年額		年額		1月あたり	年額
所得税	55,600円		53,100円		-208円	-2,500円
住民税（所得割額）	111,500円		106,500円		-417円	-5,000円
税額合計	167,100円		159,600円		-625円	-7,500円
					1月あたり	年額
負担軽減効果					-3,472円	-41,664円

年間12万円の
年金資金を
積立てた上に、
約４万2000円も
トクする！

〈留意点〉
①標準報酬等級が下がることにより、将来支給される老齢厚生年金の額等が減少します。
②令和２年３月分（４月納付分）からの健康保険・厚生年金保険の保険料額表（東京都）を基に試算しています。
③住民税の減税効果は翌年の減税効果となります。

いい方を変えると、掛けた分だけ、税、社会保険料を減らす効果があるともいえます。現在、手取り給与のなかから、将来に備えた預金などをしている従業員にとっては、その預金を企業型確定拠出年金の掛金に「置き換える」ことで、手取り金額が増えるため、大きなメリットがあります。

選択制による給与削減はデメリットか

選択制と、混合タイプの選択制部分においては、従業員が生涯設計手当から企業型確定拠出年金の掛金を拠出すれば、その分給与が減ることによって、従業員が支払う所得税、住民税、社会保険料、および会社が支払う社会保険料が削減されます（標準報酬月額等級が下がる場合）。さらに、当然ながら将来、企業型確定拠出年金の給付金を受給できます。

一方、将来受け取れる「老齢厚生年金」の給付金額は、社会保険料の支払い額に応じて決められます。ということは、社会保険料が削減されれば、その分、将来受け取れる老齢厚生年金額が減ってしまうということです（「老齢基礎年金」は変化しません）。

ただし、将来受け取れる老齢厚生年金の総額については、何歳まで生きるのかによって変わります。また、企業型確定拠出年金の受給額についても、運用結果によって変化します。

したがって、企業型確定拠出年金（選択制）を導入したことによる

（A）「現時点における、所得税、住民税、社会保険料の削減額」＋「将来における、企業型確定拠出年金老齢給付金の受給額」

と

（B）「将来における、老齢厚生年金額減少額」

を比べて、どちらが大きくなるのかは、一概にはいえません。

しかし、運用利回り、平均余命などについて、一般的な状況を仮定してシミュレーションをしてみると、（A）の額のほうがはるかに大きくなり、企業型確定拠出年金の加入にメリットが大きいことが分かります。【図表8】

また、前述の労災保険、社会保険、雇用保険等における給付金の減額については、確かに、給与の総支給額が減るため、受給できる金額も相応に減額されます。しかし、これらの給付金は、労災事故や失業などの事態が生じた場合に受け取れるものであり、大多数の

[図表8] 企業型確定拠出年金の効果の総合シミュレーション

加入時の年齢	25歳	40歳	備考
給与（月額）(※1)	250,000	400,000	
生涯設計手当（月額）	20,000	30,000	
確定拠出年金掛金（月額）	10,000	30,000	生涯設計手当を上限として、3000円以上で任意の金額を設定可能。

社会保険料削減額（年間）	-34,164	-55,008	
所得税・住民税削減効果（年間）	-7,500	-47,100	
社会保険料・税の合計削減効果（年間）	-41,664	-102,108	確定拠出年金に加入しない（掛金ゼロ）の場合との差額。

65歳までの社会保険料・税の合計削減効果の累計	-1,666,560	-2,552,700	
65歳までの掛金積立額の累計	4,800,000	9,000,000	積立金額のみ。運用による変動分は考慮していない。

社会保険料が削減されることによる、老齢厚生年金給付の減額見込額（年間）	-46,040	-39,463	
65歳から平均余命(※2)までの減額累計	-895,938	-767,950	上の生涯累計額（男性の平均余命まで生存した場合）。

（※1）給与、生涯設計手当、確定拠出年金掛金は、65歳の退職時まで変わらないものとする。

（※2）男性の場合、65歳からの平均余命は19.46歳（84.46歳で死亡すると仮定）。

人はそもそも給付されないまま会社員生活を終えることが普通です。そのため、影響は限定的だと考えられます。

選択制の導入は、従業員の理解を十分に深めることがもっとも重要

選択制の場合、従業員がそれまで課税後の手取り給与から行っていた貯蓄を、非課税の掛金に置き換えることで大きなメリットが生じることを確認しました。

しかし、もともと、個人的に将来へ備えた貯蓄などしていない、関心がないという従業員は選択型が導入されても加入しないかもしれません。そういう従業員にとっては、企業型確定拠出年金のメリットは感じられないでしょう。むしろ、基本給が削減されることにより、時間外手当や賞与にマイナスの影響があるのではないか？　と心配になるかもしれません。

しかし、時間外手当や賞与額の計算については、計算のベースに生涯設計手当および掛金を入れるようにすることで、拠出した人が不利益となることを防ぐことができます。これは、給与規定等の変更により可能です。

あるいは、そこまで無関心ではなく、将来に備えて積立貯蓄などをしている人であっても、「投資」「運用」ということを聞くと、ハードルの高さを感じて、制度導入への忌避感をもつ人もいます。

これらの心配や不安、忌避感などが生じるのは、無理のないことです。それに対応するためには、企業型確定拠出年金（選択制）導入を検討する段階から、従業員に十分な説明をして、その制度の仕組みや意義を理解・納得してもらったうえで導入することが肝要になります。

そうしなければ、仮に企業型確定拠出年金制度を導入しても、多くの従業員が加入しないままとなってしまう危険性もあります。また、加入はしても、元本保証型の預金商品で掛金の全額を運用してしまうといった、メリットの少ない方法を続けてしまうことも考えられます。

逆にいうと、企業型確定拠出年金（選択制）の導入は、これまでは将来に無関心だったタイプの従業員や、投資に対して知識のない従業員にも、関心や知識をもってもらうための絶好のきっかけとなるともいえます。

ストーリーでのタキタケミカルのような、制度導入前の意見聴取会や制度説明会を開催することもいいでしょう。あるいは朝礼などの公式な場、飲み会などの非公式な場で、説明を重ねていくという方法もあるかもしれません。自社にあった方法で、従業員の理解を深めることを目指してください。

企業型確定拠出年金のタイプの成り立ち

企業型確定拠出年金を実際に運営・管理するのは「運営管理機関」と呼ばれる金融機関です。そして、運営管理機関によっては、これまで説明してきた4タイプのうち、「選択制」を必ずしも扱っていません。というより、実際には選択制を扱っている運営管理機関のほうが少数派なのです。

それには、次のような事情があります。

そもそも、企業型確定拠出年金は、本書でいう「標準タイプ」の拠出設計で考えられていました。そこにあとからマッチング拠出という方法が加えられます。いずれにしても、会社が事業主掛金を負担して拠出をすることが基本形として考えられていたのです。

これは、企業型確定拠出年金が、かつての厚生年金基金や確定給付型企業年金（ＤＢ）に置き換えるためのものとして生まれたという経緯も関係しています。

会社がそれまで支払っていた厚生年金基金などの掛金を、企業型確定拠出年金への拠出に置き換えることが考えられていたということです。

それなら、会社としては、企業型確定拠出年金の標準型を導入したとしても、もともと支払っていた金額の支払い先を変えるだけであり、追加の費用負担は生じません。そして、厚生年金基金や確定給付型企業年金（ＤＢ）を導入していたのは、比較的規模が大きな中堅企業、大企業が中心でした。そこで、運営管理機関も、主に大企業向けに、標準型のサービスを提供していました。

一方、厚生年金基金や確定給付型企業年金に加入していなかった中小企業が、新たに企業型確定拠出年金に加入する場合、標準型であれば新規で事業主掛金の負担をしなければならないことになります。中小企業にとっては小さくない負担です。

そこで、中小企業の会社負担が少ない形で、しかも従業員が将来の年金の準備をできる方法として、一部の運営管理機関が選択制を考え出して、主に中小企業向けのサービスとして提供を始めたのです。

そのため、現在でも、大企業を中心顧客とする多くの運営管理機関では、選択制を扱っていません。もし選択制を導入したい場合は、扱いのある運営管理機関を選ばなければならないということです。

［第4章］

節税しながら
社長のリタイアメントプランを準備

入院で自分の老後不安に気づいた滝田社長

滝田が病気で倒れて入院したと、星川の携帯電話に松本から連絡が入ったのは、2回目の意見聴取会から3日後のことだった。翌日に予定されていたミーティングを延期してほしいということであった。星川もさすがに驚いた。

「病状は？　大丈夫なんですか？」

松本によると、詳細は不明だが、命に別状があるような重病ではないということであった。しかし、通常業務に加えて、今回の意見聴取会の準備で、しばらく多忙にしていた滝田の疲労が浮き出た顔が思い出され、（そういえば滝田社長、相当疲れていた様子だったな）と、心配は拭えなかった。

星川のもとに、滝田本人から電話があったのは、それから1週間後だった。

「星川さん、ご心配お掛けしました。もう大丈夫です。ちょっと過労だったみたいで、不整脈が出てしまって。大したことはないんですが、念のためということで1日入院しました。医者というのはどうにも大げさで困りますね。ご迷惑をお掛けして申し訳ありませんでした」

電話の声は案外元気そうだったので、星川はようやく一安心した。

「それで星川さんに、ちょっとご相談があるのですが……」

翌日、星川は滝田への快復祝いの手土産を片手に、タキタケミカルを訪れた。すっかり快復して顔色も良くなった滝田の、星川への相談とは、滝田自身の確定拠出年金加入についてだった。

滝田の代表取締役としての退職金は、会社で加入している養老保険の保険金を原資として支払う予定だった。保険料の半分を損金として計上できる、いわゆる「福利厚生プラン」といった名称でよく販売されている保険だ。そのほかに、個人でも生命保険（定期保険）には加入しており、遺族への死亡保障という点では不足はない。だが、自分の老後資金の備えについては、退職金と公的年金以外には特に考えていなかったというのだ。

「今まで、大きな病気もしたことなかったですし、定年退職があるわけでもないので、正直、自分自身の老後生活は、真剣に考えていませんでした。それよりも会社をどう伸ばすか、そればかり考えてきたので。でも、今回、退院したあと、私も自分の老後生活について真剣に考えるようになったのです。もし私が将来病気で倒れたりしたとき、ぽっくり死ねばまだいいですけど、長患いすることになったり、認知症になったりしたら、家族の生活がどうなるのか、と……。

それで、せっかく会社に確定拠出年金を導入するので、いい機会だから、私自身の年金についてはどうすればいいのか、星川さんにご相談しようかと、こういうわけです」

社長も企業型確定拠出年金に加入可能

「滝田社長のように『社長には定年もないし、70歳でも80歳でも、働けるまで働けばいい』と考えている経営者の方は、案外多いのですよ。それはそれで悪いことではありません。でも、人の健康というのは、いつ、どうなるか予想ができないですよね。その意味では、長く働くと考えていたとはしても、それとは別に老後の経済的な備えをしておくことは必要だと、私も思います」

「やはり、私も社員たちと同じように、企業型確定拠出年金に加入するのがいいでしょうか？　私はもう45歳になるので、先日の意見聴取会でもベテラン社員から意見が出されていましたが、加入できる期間を考えると、どうなのかな、という気もするのですが。民間の個人年金保険もありますよね」

「企業型確定拠出年金は、税金面で大きく優遇されている制度なので、やはりまずはこれに加入を考えるべきだと思います。そのうえでさらに余裕があるのなら、民間の個人年金保険を付け加えてもいいかとは思いますが。また、経営者は会社に対する重い責任があるなど、ほかの社員さんとは立場が違いますので、掛金の全額を会社負担で拠出して加入なさることをおすすめします。つまり、滝田社長の役員報酬の手取り金額は今までと変わらないままで、将来の年金を追加できることがメリットです」

「会社の負担が増えますね」

「確かに最大で月5万5000円の会社負担が増えます。ただ、全額が会社の損金として計上でき、法人税がその分減らせますから、それほど負担増になるわけではありません。経営者の立場と責任に見合った支出として、合理的だと思います」

「社員は、掛金を拠出するかしないか自分で決める選択制ということでしたが、社長の分についてはそれとは違う制度になるということですか？」

「いえ、『一事業所一制度設計』が原則なので、導入するのはあくまで選択制です。しかし、規約をうまく工夫することで今お話ししたことが可能になります。ここが我々コンサルタントの腕の見せ所です。役員報酬は定期同額とするため、改定できるのは年に1回です。その改定時に今までの役員報酬額に前払い退職金分の5万5０００円を付け加えれば、全額会社負担となります」

「なるほど」

「それからもう一つ、心配なさっていた加入期間の件ですが、現在、企業型確定拠出年金は、65歳まで積み立てることができ、以後70歳までの運用が可能です。しかし、２０２２年に制度が改定され、積立は70歳まで、運用は75歳まで可能になる予定です。すると、滝田社長の場合は、ほぼ30年間の運用ができることになります。今からスタートすれば十分、複利運用のメリットを享受できると思います」

「ほお。制度改正。確かに10年くらいの運用では、リスクもあって心配ですが、30年間運用できるのであればやってみたほうがいいですね。では、ご説明いただいた制度で、さっそく内容を具体的に詰めてください」

企業型確定拠出年金は経営者も加入可能

企業型確定拠出年金は経営者、役員も加入することができます。このことも、中退共などと異なる企業型確定拠出年金のメリットです。

その際に、拠出設計は規約で定めるものなので、厚生局が認める範囲内で自由に設定できます。

経営者の掛金については、個人ではなく、実質的に会社負担で準備することもできます。もちろん、従業員と同様に、基本給部分を減らして、減らした分を生涯設定手当として導入してもいいのですが、経営者の立場と責任を考えれば、一般的には会社負担とすることをおすすめします。

ストーリーのなかでも説明されているように、月額最大掛金の5万5000円を会社負担にしても、定期同額役員報酬とする手続きをきちんと踏めば、全額が損金算入可能であるため、最終的な会社負担額はそれほど大きくなりません。

また、社長が月100万円以上といった高い役員報酬をもらっている場合、基本給を減らして社長の個人負担で掛金を拠出しても、社会保険料削減効果があまり（場合によってはまったく）ないことも、全額会社負担での導入をすすめる理由の一つです。

これは、社会保険料（厚生年金、健康保険）の標準報酬月額表における等級区分の幅が、報酬月額が高くなればなるほど広がっているため、役員報酬が高い場合、月5万5000円を減らしても等級がまったく、あるいは1等級しか変わらないことになるためです。支給金額が変わっても、等級が変わらなければ社会保険料は変わらないのです。

なお、同じ選択制であるとはいえ、社長の分の掛金は実質的に会社負担とすることについて、「一事業所一制度設計」という企業型確定拠出年金の原則から、これを断る運営管理機関もあります。そういった機関との対応については、経験豊富な導入コンサルタントでなければ難しい部分があります。導入コンサルタントに依頼をする場合は、このような方法への対応をしてくれるかどうかをよく確認することが必要です。

小規模企業共済と企業型確定拠出年金の併用

従業員数が20名以下の小規模な会社の場合、社長の退職金の準備として、小規模企業共済に加入している方も多いでしょう。小規模企業共済は月額1000円から7万円まで積み立てることができ、社長の退職時に退職金を受け取れる制度です。掛金の全額が小規模企業共済等掛金として、所得控除の対象になります。また、退職金は一時金でも分割（年金）でも受け取ることが可能です。

さらに、小規模企業共済のメリットとして、積み立てた掛金の範囲内で、資金を貸し付けてもらえる制度が利用できる点があります。企業型確定拠出年金やiDeCoは、60歳になるまでは、原則として受給権が発生しません。また、融資などを受けることもできず、拠出した資金は運用されている状態になります。

その点、積立金をいわば「担保」として貸付を受けられる小規模企業共済は、会社のいざというときの資金の備えとしても活用できるメリットがあります。

その一方で、小規模企業共済は、運用利回りが低いことがデメリットです。そのため、

20年未満で解約した場合は、積み立てた金額よりも受け取れる金額が少なくなる元本割れのリスクがあります（廃業の場合は100％の元本返済）。最低でも20年間は加入する必要がある制度だといえます。

また、掛金を途中で減額した場合、減額分についてはその後運用されない（まったく増加しない）仕組みになっています。減額すると非常に不利になるため、フレキシブルに掛金を増やしたり減らしたりしにくい制度内容となっています。

すでに、小規模企業共済に加入している経営者の場合は、20年未満の解約や減額は元本割れのリスクがあるため、小規模企業共済はそのまま加入を続けて、それにプラスして企業型確定拠出年金に会社負担で加入するほうが得策です。

なお、小規模企業共済は経営者が個人として加入して、個人の役員報酬から掛金を支払う制度です。会社が加入して掛金を支払う制度ではありません。

1人社長と企業型確定拠出年金

さて、ほかに正規従業員がおらず、社長1人とアルバイトのみで運営している会社や、社長と家族のみで運営している会社も珍しくありません。

このような企業でも、企業型確定拠出年金に加入することは可能です。

もちろん、この場合、企業型確定拠出年金ではなくiDeCoを活用することもできるのですが、企業型確定拠出年金を導入するメリットは少なくありません。

ここでは、社長1人の会社が企業型確定拠出年金を導入するメリットを確認します。

▼上限掛金額が多い

厚生年金被保険者の場合、iDeCoの掛金上限は月額2万3000円であるのに対して、企業型確定拠出年金の上限額は、月額5万5000円です。

より多くの掛金を拠出できる点は、企業型確定拠出年金制度を選択するメリットの一つです。

▼掛金の拠出が最長65歳まで可能

iDeCoの場合には、掛金が拠出できるのは60歳までです。一方、企業型確定拠出年金も掛金拠出は原則60歳までなのですが、こちらは規約で定めることで65歳までの延長ができます。

経営者には定年がないので、60歳以降も長く働くケースが普通です。拠出期間が伸長できる企業型確定拠出年金のメリットは大きくなります。

なお、法改正により、2022年5月からは、iDeCoは、国民年金被保険者であることを条件に65歳まで、企業型確定拠出年金は原則65歳で規約により70歳まで拠出期間の伸長可能となる見込みです。その場合、現在70歳まで可能となっている拠出終了後の運用期間は、75歳までになる見込みです。

▼掛金の必要経費算入が可能

iDeCoの場合には、掛金は個人の給与のなかから拠出することになり、所得控除の対象となるものの、会社の経費として計上はできません。

一方で、企業型確定拠出年金（標準型）の場合には、掛金の全額を経費へ算入することが可能となり、法人税を削減する効果が得られます。ただし、その場合は、個人の所得税を削減する効果はありません。

▼口座管理費用などのコストを必要経費に算入可能

iDeCoの場合には、運用にかかる口座管理料などの手数料は必要経費に算入できません。掛金から差し引かれる仕組みになっています。

一方で、企業型確定拠出年金の場合には、運用手数料を必要経費に算入することが可能です。

企業型確定拠出年金は加入手続きに少々手間が掛かりますが、仮に10年、20年という拠出期間を考えれば、最終的に資産評価額に大きな差益が発生します。

［第5章］

5つのプロセスを押さえれば、確定拠出年金導入は簡単

従業員説明会

タキタケミカルでは、選択制企業型確定拠出年金を導入する準備が進められた。まず、滝田、タキタケミカルの顧問社労士と、星川とで打ち合わせを重ねて、就業規則、給与規定、退職金規程、育児介護規程などの規定を改定、また、「生涯設計手当規程」を策定した。

書類の準備が整ったあとは、「従業員説明会」が開催された。これは、企業型確定拠出年金を導入する企業が必ず実施しなければならないものである。

従業員説明会では、まず企業型確定拠出年金・選択制の仕組みが説明された。ただし、タキタケミカルの場合は、制度の概要などは、以前の意見聴取会で説明し、そのときに質疑応答もあったため、この時点でほとんどの社員は、制度内容は理解していた。

さらに星川は、これからの時代におけるライフプランニングの重要性、ライフプランニングにおける資産運用の位置付け、そして資産運用における、企業型確定拠出年金の利用などについて、十分に時間をかけた説明をしていった。特に、資産運用の内容については不安な人も多いかもしれないが、今後、会社主催の運用セミナーなどを随時行っていくので、ぜひ積極的に学んでほしいと付け加えた。

最後に、選択制であるために、加入は任意であるものの、可能な範囲で加入してほしい旨が、滝田から付け加えられた。

「会社として、皆さんが将来まで安心して働ける環境は用意します。ぜひそれをうまく利用してください」

従業員説明会を経たあとに、導入に関して、労働組合があれば労働組合との、なければ従業員代表との労使合意が必要となる。タキタケミカルには労働組合が存在しなかったため、松本が従業員代表に選出され、同意書にサインをしてもらった。

それから、加入希望者には、掛金のコースを選択してもらった。果たして、どれくらいの社員が加入してくれるものか、滝田は心配だったが、全社員のおよそ8割が加入することになった。40代、50代のベテラン社員の加入率はやや低かったが、若手社員は9割を超える加入率となった。まずは上出来だろうと、滝田は胸をなで下ろした。

その後、厚生局への書類提出、コンピュータシステムへの導入・登録などのプロセスを経て、いよいよ実際に運用が開始されるという段になり、運用商品説明会が開催された。

確定拠出年金では、株式型投資信託、債券型投資信託、預金商品、保険商品など、さまざまなタイプの商品から、加入者の好みに応じたものを選び、組み合わせて投資することができる。

運用商品説明会では、確定拠出年金の加入者が購入できる商品にはどんなものがあり、目的に見合ったタイプの商品にはどんなものがあるのかの説明が実施された。滝田自身も、これまで資産運用にはまったく関心がなく、知識もなかったため、社員と一緒になって星川から資産運用の基本を学んだ。

そこで星川は、長期投資を前提としたもっともスタンダードな資産配分として、公的年金を運用しているＧＰＩＦ（年金積立金管理運用独立行政法人）も行っているという「国内株式・海外株式・国内債券・海外債券」への均等な配分を紹介した。そして、それを拠出金額ごとのパッケージにした商品を用意したところ、多くの社員は、そのパッケージ商品への投資をすることとなった。滝田自身も、そのパッケージ商品で運用することにした。拠出金額は、２万円の社員がもっとも多かった。

だが、若い社員のなかには、もともと株式投資をしていたといって、海外株式に多くの配分をしている者もいた。また、ベテラン社員には、保険型の商品を中心に選ぶ者もいた。考え方に応じて、商品を組み合わせることができるのが確定拠出年金のメリットだ。

こうして、タキタケミカルで企業型確定拠出年金の運用が始まった。1回目の意見聴取会から、5カ月が経っていた。

長年の夢だった自社ブランドの開発へ

それから2年経った。タキタケミカルでは、今年も、資産運用のための説明会が開催された。企業型確定拠出年金導入企業には、最低1年に1回の教育研修が義務づけられている。

その説明会では、ライフプランの変化（結婚や自宅購入など）によって、拠出額の変更や資産運用内容をどう見直せばいいのかといった質問や、今後の経済の見通しに関する質問など、滝田も星川も驚くほど、深い内容の質問が出された。またアンケート調査によると、加入した全員が、企業型確定拠出年金について「満足」「ほぼ満足」と回答していた。

このことも滝田はうれしかったが、それよりも滝田がうれしく思っていたのは、この2年間で、定年退職者を除いた中途退職者が1人も出ていないことだった。

もちろん、それが企業型確定拠出年金の導入と直接関係しているのかどうかは分からない。しかし、少なくとも、社員の業務に対するモチベーションが上昇していることは、肌で感じられた。

「社長のメッセージが社員にしっかり伝わっていますね」

アンケート結果の集計作業を手伝った松本は、うれしそうだった。

「あのとき、まっちゃんがヒントを与えてくれたおかげだよ。あの言葉がなければ、どうなっていたか分からない。本当にありがとう」

滝田は改めて、松本に感謝した。

「それで、新プロジェクトの計画は順調ですか？」

「ああ、おかげで、若手からいいアイディアがどんどん出されている。いよいよ、商品化テストに進めそうだよ」

滝田は、企業型確定拠出年金導入から半年ほど経ったとき、新規プロジェクトの計画を社内で発表した。そのプロジェクトとは、自社ブランド製品の開発・発売だった。

自社ブランド製品の発売は、タキタケミカルの創業直後に一度手掛けていたものの、失敗している。それ以後、タキタケミカルは、大企業の下請け業務に特化してきた。しかし、もの作り企業であればどこでもそうだが、自社ブランドでの製品を開発し、店頭に並べて直接消費者に届けることは、経営者にとっても、社員にとっても夢である。まして、亡くなった先代が挑戦して挫折した事業であるから、なんとしても自分の代でそれに取り組み、成功させたいと滝田はかねてより熱望していた。

しかし、受注生産となる下請け業務と異なり、見込み生産である自社開発には、当然ながら失敗リスクがある。闇雲に取り組めば、大きな痛手を受ける危険性もあるのだ。そこで、多少の失敗ではびくともしない、しっかりした財務的な基盤が不可欠であるし、なんとしても成功させるという意志を、全社が一丸となってもつことも必要だ。

以前のタキタケミカルでは、そのいずれもが欠けていたように思う。それが確定拠出年金の導入によって、変わった。

確定拠出年金導入がもたらした変化

リーマン・ショック後の業績不振から、数年かけて、タキタケミカルは財務基盤の安定・強化を図ってきた。それをいっそう確固たるものにしたのが、確定拠出年金導入だった。企業型確定拠出年金・選択制の導入により、会社は社会保険料負担を、年間115万円程度も削減することができた。これは単なる損益上の話ではなく、実際に現金の流出を減らすものであり、営業キャッシュフローを大幅に改善させる効果をもつ。そして、将来にわたって続くものであるから、フリーキャッシュフローを蓄積させる。このフリーキャッシュフローが新プロジェクトに取り組む原資の一部となった。

また、企業型確定拠出年金導入後、先述のように社内の士気や、若手社員のモチベーションは確実に上昇した。

それらの条件が整ったことを千載一遇のチャンスとみて、滝田は長年の夢だった自社ブランド開発に取り組むことにしたのだ。そして、2年ほど前にやる気のある若手を中心としたプロジェクトチームを発足させたのだった。

「社長、確定拠出年金の導入で、うちの会社は本当に元気になりましたね」

「ああ、そのとおりだ」

「自社ブランド商品まであと一歩です。社長、くれぐれもお体に気をつけてください。もう二度と倒れたりしないようにお願いしますよ」

「大丈夫だ。あれから酒も控えているし、食事にも気をつけている。おかげで、今年の人間ドックでは、〝オールA〟だったよ。この調子なら、あと50年は働けるかもしれないな」

「それなら、年金なんていらないじゃないですか」

「それは違うな。年金があるという安心感があるから思う存分働けるんだよ。よし決めた！１００歳まで社長を続けて、タキタケミカルを日本一の化粧品メーカーにしよう！」

「頑張ってください。私は年金をもらってのんびり老後生活を楽しみながら、消費者としてタキタケミカルの商品を使わせてもらうことにします」

「うちが日本一になるまで、ぜひ長生きしてくれたまえ。あっはっは」

松本は、そんな滝田の顔を見つめて、夢のような話だが、滝田社長がいうと、本当にそうなるかもしれないとちょっと思えることが、とても不思議だと感じていた。

企業型確定拠出年金に関わる機関や契約の概要

企業型確定拠出年金（以下、企業型ＤＣ）を実施しようとする事業主は、従業員の過半数で組織する労働組合（組合がない会社は過半数を代表する者）の同意を得て規約を作成し、厚生労働大臣の承認を受けなければなりません。

従業員が年金資産を適切に運用していくために必要な情報（運用商品の提示、運用商品に係る情報、また資産残高情報などの情報）の管理を行うことを運営管理業務といい、記録関連業務を含めて、事業主は運営管理機関に委託します。

また、企業が拠出した掛金を年金資産として企業財産から分離して保全を図るために、資産管理機関（主に信託銀行等）と資産管理契約を締結します。このように企業型ＤＣは、企業がそれぞれの機関と契約して運用されていくのですが、小規模、中小企業が単体で導入することは困難です。

そこで、ある運営管理機関がまず代表企業を設立し、導入企業（小規模企業）から契約締結の委任を受けて、代表企業が運営管理機関、資産管理機関と契約を締結します。

そして企業型ＤＣを導入したい小規模企業は、それぞれ企業単位で地方厚生局に設立の申請をし、ＤＣ制度実施の準備をします。次に導入企業より委任を受けて、代表企業がその運営・資産管理契約にもとづきＤＣ制度の運営管理業務と年金資産の信託業務を受託し、運営管理機関から運用商品の提供を受けます。そのためにはサポートする導入支援が必要となります。

企業型確定拠出年金の導入プロセス

次に制度導入までのプロセス、スケジュールを確認します。導入検討から導入開始までおおよそ６カ月を要します。

1．導入検討から導入決定へ（導入開始５カ月前）：必要書類の準備
2．従業員説明会開催（導入開始４カ月前）：従業員代表の同意確認
3．厚生局へ規約申請（導入開始３カ月前）：承認まで２カ月の期間を要する

4．加入の意志ならびに加入者掛け金の決定（選択制導入）（導入開始1カ月前）

5．制度開始：導入時教育、運用商品選択

●1　必要書類準備（導入開始5カ月前）

就業規則や育児介護休業規程・履歴事項全部証明書・社会保険料の領収済書を用意します。また、ＤＣ制度導入に合わせて就業規則（賃金規定を含む）を変更します。

これを機に就業規則の全体を見直し、現状にそぐわない点などがないか確認します。また育児介護規程も育児休暇中の拠出金扱いを決めて改訂します。これらの見直し、改訂は、ＤＣ制度をよく理解している社労士に相談しながら進めることをおすすめします。

●2　従業員説明会の開催（導入開始4カ月前）

ＤＣ制度の趣旨を分かりやすく伝えると同時に、導入を意図した社長の気持ちを従業員へのメッセージとしてしっかり伝えることが重要です。

事前に意見聴取会などのプレ説明会を実施したり、文書で伝えたりしておくといいと思います。選択制DCの場合は、生涯設計手当新設の説明や、掛金拠出により残業手当や賞与などの計算上においてデメリットがないことを周知する必要があります。従業員の過半数を代表する者の同意を得ておく機会です。

●3　厚生局へ承認申請書類提出（導入開始3カ月前）

確定拠出年金の導入にあたって規約を作成し、地方厚生局に申請して承認を得る重要な手続きです。承認まで2か月の期間を要します。

●4　加入の意志・掛金を決定（選択制のみ）（導入開始1カ月前）

DCに加入するときは、生涯設計手当のうち掛金をいくらにするかを従業員に決めてもらいます。また前払退職金として給与でもらう（DCに加入しない）という選択もできます。導入後に掛金を変更したり（年1回）、新たに加入したりすることも可能です。また、ゴール設定として個々の加入者の目標資産額（一時金・年金）を決めるにあたり、どの時点でどれだけの掛金が必要か、ライフプランからその掛金が可能かなどを検討していきます。

●5　制度開始、初回口座振替

いよいよ確定拠出年金の制度開始です。

導入時投資教育を受けて従業員が運用商品を選択します。ここで重要なことは、投資や資産運用をよく知らない多くの従業員に、投資について分かりやすく説明することです。その後、年に1度実施することが義務化されている継続投資教育も含めて、経験を積んだ導入サポート企業やコンサルタントが必要不可欠となります。

正しい投資・運用の考え方を加入者に啓蒙する

運用・投資教育は「おまけ」程度のものだと理解される場合もあるのですが、それは大きな誤解です。せっかく企業型確定拠出年金に加入してもらっても、正しい運用がされなければ老後の安心につながらない可能性もあるため、その教育は非常に重要です。

投資運用と聞くと「儲かる株の銘柄を当てる」とか「安いときを狙って買い、高いときを狙って売る」といった売買をイメージするかもしれませんが、それは投資というよりギャンブルに近いものです。

そのようなギャンブルではなく、安心できる資産形成のための「投資」の理論では、どの銘柄やどの国の市場が成長するのか、また、いつ値下がりして、いつ値上がりするのかといったことは予測できないということを前提にします。

そこで、短期的な価格変動による利益を求めるのではなく、長期的な経済の成長から利益を得るという考え方を取ります。例えば株式なら、世界中のさまざまな国の株式市場に広く薄く投資をして、世界の長期的な経済成長に応じた、株式市場の成長を待つのです。また、短期的な値動きに左右されないように、一度にまとめて買うのではなく、タイミングをずらして、少しずつ投資していくことがよいとされます。

このように「長期・分散」の投資が基本になります。そしてその次に、その人ごとのライフステージに応じたリスクの取り方を考えます。

例えば、まだ若くて今後の投資期間を長く取れる人なら、一時的な減少があっても、長期的に大きなリターンが取れる可能性のあるような投資を選ぶこともできます。一方、定年退職が近くなる人は、変動が少ない投資内容のほうが安心です。

ところが、実際に企業型確定拠出年金導入企業の加入者に話を聞くと、まだ若いのに利息がほぼゼロの定期預金で運用していたり、逆に、もう50代半ばなのに、リスクの高い株式タイプの商品1本で運用をしていたりなど、不適切な運用の例がよく見られます。

導入支援企業選びの重要性

なぜそういうことになってしまうのかといえば、制度導入時にも、その後の継続教育においても、正しい投資・運用教育がなされていないためだと思われます。

ちなみに、2022年から日本の高校の授業でも「資産形成」を教えることになるそうです。あと10年くらい経てば、正しい投資の知識をもつ若い世代が増えるかもしれません。しかし、現状ではまったく投資のことを知らない従業員が大半です。

そこで、企業型確定拠出年金の導入支援企業が行う投資教育の中身が非常に重要になるのです。単に制度の導入のサポートをしてくれる導入支援企業ではなく、投資・運用教育についても高いレベルで対応できる導入支援企業でなければ、せっかく企業型確定拠出年金を導入しても「仏作って魂入れず」という状況になりかねません（なお、ここで触れた投資の基本はほんのさわりです。機会があれば、企業型確定拠出年金のための投資セオリーについて、詳細な解説書も上梓できればと考えています）。

企業型確定拠出年金の導入にはさまざまな手続きが必要です。会社には正しい導入と制度運用を行う法的な責任があります。しかし、現実的には社長がこれらをすべて理解して自分で実行することは困難でしょう。

逆にいえば、導入も運用もすべて責任をもってしっかりサポートしてくれる導入支援企業と出会うことができれば、企業型確定拠出年金の導入は半分成功したようなものです。

ところが驚くべきことに、導入支援企業に依頼したにもかかわらず、その担当者の知識や経験が不足しており、会社にとって不適切な制度導入や従業員にとって不利になる制度設計をしてしまっている例、あるいは、投資・運用教育が形骸化してほとんどなされていないような例が、現実には多数存在しているのです。

導入支援企業は、会社と従業員の「将来」を託す重要なパートナーです。その選定にあたっては、複数社と面談を行い、詳しい話を聞くなど、その知識や経験をしっかり確認し、慎重に見極めることが重要です。

［ 第6章 ］

〈事例紹介〉

確定拠出年金で、会社はこんなに元気になった！

企業型確定拠出年金を導入した会社の経営者に、お話をお聞きしました。

プライバシー保護のために、細部は多少変更している部分がありますが、実際の経営者の方が、どのような考えで企業型確定拠出年金を導入し、どのような効果を感じているのか、参考にしてください。

【事例1】人材確保も視野に入れ確定拠出年金を導入したX医療法人

業種：歯科医院
従事者数：58名（短時間労働者を含む）
現在の退職金制度：中小企業退職金共済制度（中退共）、選択制確定拠出年金、養老保険（退職一時金として）

▼もともと中退共と養老保険で退職給付金を準備していたX医療法人

A理事長が経営しているX医療法人は、2009年創業、2つの歯科医院を経営しており、従事者は約60名です。

もともとの退職金制度は、中小企業退職金共済制度（中退共）と退職一時金の資金手当のための養老保険（ハーフタックスプラン）の二本立てでした。中退共は勤続4年目、養老保険は6年目から加入することとしていました。

中退共については、一般スタッフは5000円（パートスタッフは3000円）、医師の場合は1万円からスタートして、掛金を毎年1000円ずつ増額する方式です。また、養老保険については、一般スタッフは200万円、医師は300万円という上限を一律で設けて積み立て、退職時には、会社が受け取る満期金または解約返戻金を原資として、退職金を支払うシステムです。

さらに、特にパフォーマンスが高かったスタッフには別途、会社の剰余金から、退職一時金を支払っていました。ただし、この部分については感謝の気持ちを込めた特別ボーナスのような意味あいであり、退職金規定として制度化はしていないそうです。規定を作成すると、経営状況にかかわらず支払いが義務化されるため、それを避けたかったからで、スタッフから聞かれれば「こういう形で支払う予定です」と答えてきたとのことです。

▼利回りの低い中退共に疑問を感じる

X医療法人が選択制確定拠出年金を導入したきっかけは、中退共や養老保険だけで従業員の将来的な保障にどれだけ役立つのだろうかと、理事長が疑問を感じたことでした。

「中退共も養老保険もよくいえば〝確実〟ですが、低金利が続いている今の時代には、実質的には『積み立て預金』と同じではないですか。私は自分でも、NISAなどに投資をしていたので、せっかくお金を出すのなら、もう少し有利に運用できる方法があるのではないかと考えていたのです」(A理事長)。

新しい制度として検討されたのは、企業型確定拠出年金と確定給付企業年金の2つです。しかし、確定給付企業年金は法人の負担が大きいと考えて、自ずと候補は企業型確定拠出年金に絞られました。

詳しく調べてみると、企業型確定拠出年金は老後資金を増やせるだけでなく、税制や個人の費用負担などの面でもメリットのあることが分かりました。加えて、「社会保険料を削減できる可能性がある」「全員加入の必要がない」など、法人側のメリットが感じられたことも導入を後押ししたといいます。

「もともと、私たちのような中小企業ではそんなに退職金は払えません。一時金で支払うとしたら、全員に1000万円を払うというのは、正直なところ難しいと感じます。

しかし、例えば毎月1万円を30年間積み立てるだけなら360万円ですが、それを企業型確定拠出年金で運用していくと、うまく利回りが取れれば、500万円とか700万円になる可能性が高い。そういうメリットのある制度をスタッフに提供することが、結局は法人にとってもプラスになるのではないかと思ったのです」

その後、共通の知人を通じて紹介され、私たちがX医療法人の企業型確定拠出年金導入をお手伝いすることになりました。

▼成果が見えてくると、運用にも積極的になる

A理事長と相談のうえで、既存制度を廃止するのではなく、追加で確定拠出年金を導入するのがベターであると思われました。追加になるため、導入コストや拠出金負担がどのくらいになり、法人として負担に耐え得るかについては、十分に事前シミュレーションをしてチェックしました。ただし、A理事長自身は、もともと自分の発案から導入を考え、

積極的だったこともあり、制度設計ではそれほど悩んだり困ったりしたことはなかったそうです。

「選択制にするか、標準タイプにして全員加入とするかは少し考えました。しかし、うちの場合は既存の制度を残すこともあって、選択制のほうがいいだろうとすぐに決まりました。また、細川さんに、導入時のスタッフに対する説明をすごく丁寧にやってもらえたので、困ったことはほぼありませんでした」

こうして、企業型確定拠出年金の導入まではスムーズに進みましたが、実際に運用が始まってからスタッフが確定拠出年金についてどう思っているのか、その感触がなかなかつかめず、正直なところ不安に感じることもあったとA理事長は言います。

企業型確定拠出年金は、会社が拠出した資金を従業員が運用して、老後のための資産を増やすものです。このため、従業員一人ひとりの意欲や知識が、運用結果に大きく影響します。「すべて会社任せで結果だけを受け取る」という形の、従来の退職金制度と比べて、この点が大きな違いです。

多くの会社で、企業型確定拠出年金の導入、運用をお手伝いした私の経験上、導入後すぐの時点では、従業員の意識変化はなかなか表れません。導入後、2、3年して運用資金がある程度の金額になり具体的な成果が見えてくると、がぜんやる気が出てきて、自分から勉強を始めたり、積極的に運用する姿勢になるのが、比較的多いパターンです。

X医療法人の場合も、「こんなに増えるものなのだな。それならもっと掛金を増やしてみようか」「コロナ禍のなかでもかなり利益が上がった」といった社員の会話を耳にすることが、導入から2年ほど経った頃から増えてきたといいます。

▼導入後に改めてメリットを実感

変わったのは、スタッフの運用に対する意識だけではありませんでした。

「直接的にどこまで関係しているかは、はっきりとは言えませんが……」と前置きをしたうえで、「確定拠出年金を導入する前に比べて、スタッフのモチベーションが上がった感触はあります」とA理事長はおっしゃっています。企業型確定拠出年金導入が、スタッフの仕事に対する姿勢にも好影響を与えている実感があるというのです。

「今後も運用を続けて、運用資産がさらに大きくなってくれれば、スタッフの『ここで一生懸命働こう』という気持ちがもっと強くなってくれるのではないかとも感じます。従業員のモチベーションが高まれば、定着率も上がるでしょう。既存スタッフがパフォーマンスを上げてくれて、気持ちよく働いてくれれば、より事業もうまくいき、さらにモチベーションが高まるという好循環が生まれるのではないかと期待しています」

実は、歯科医院では、多くの歯科医師が、ある程度の経験を積むと独立を考えるようになるといいます。そのなかで、開業後の収入や社会保険、年金の負担と今の制度的な充実度を天秤にかけて、転職を思い止まるストッパーの役割を、企業型確定拠出年金が果たしてくれているのではないかと、A理事長は考えています。

企業型確定拠出年金の導入は、今いるスタッフのモチベーションや定着率の向上だけでなく、新規採用の面でもメリットがあるといいます。

最大の理由は、ハローワークの求人票や求人広告に社内制度として「企業型確定拠出年金加入」と記載できるため、退職制度の充実度が「見える化」できることです。医療業界、とりわけ中小規模の医療法人では、企業型確定拠出年金を導入しているケースがまだ少ないため、他の医院との差別化にもなり、効果は大きいといいます。

「以前に比べて、優秀な人が面接に来てくれるようになった印象はあります。面接でも志望動機として『退職金制度が充実しており、従業員の将来的な生活設計まで考えてくれているから』といった答えが返ってくることがあるので、応募してくる方たちはそういうところを見ているのだなと、改めて実感することもあります」

また、実際に制度を使うことで、A理事長自身改めて確認できたのが節税メリットです。

「拠出金は非課税で、手数料は法人が負担します。そうすると、税引き後の手取り給与から投資する場合に比べて、かなり大きな金額を運用できるわけです。この違いは本当に大きいと思いました」

▼退職金の制度の見直しを検討

企業型確定拠出年金の導入に成功したこともあり、A理事長はX医療法人の退職給付金制度全体の見直しを検討しています。

それは、現在、企業型確定拠出年金と中退共、養老保険の三本立てになっているものを整理するということです。資金効率や管理負担の低減を考えるなら、一つに絞るのが理想的ですが、A理事長は確定拠出年金と中退共の二本立てが現実的と考えています。

その第一の理由は、人材確保です。確定拠出年金が採用面で効果があったことは先にも説明しました。しかし、応募者への聞き取りなど、いろいろ調べてみると、中退共にも加入していることが、いっそう効果を高めている可能性が分かったのです。それは、求人票に2つの制度が記載されていることで「より退職金制度が充実している印象を与える」ということなのです。

もう一つの理由は、確定拠出年金は拠出金の上限（X医療法人の場合は月額5万5000円）が決まっているためです。「上限まで拠出している人が、さらにプラスアルファで老後資金を確保したいというとき、補完できる制度として中退共を付け加えておきたい」ということです。また、確定拠出年金は選択制のため、中退共を続けるのには「全員加入」の制度を残すという意味合いもあります。選択制の確定拠出年金には加入しないスタッフにも、最低限の退職給付金を準備できます。

▼今後の運用成果に個人としても期待

中退共は、社長や役員は加入できません。一方、役職に関係なく加入できるのが企業型確定拠出年金の特長です。そこで、実際A理事長ご自身も企業型確定拠出年金に加入しており、リタイアメントプラン対策として大きく期待しているといいます。

A理事長は現在40歳代前半ですが、企業型確定拠出年金は現在最長65歳まで、2022年の制度改正により、70歳まで掛金の拠出ができる（さらに75歳まで運用可能）ことになる予定です。そうなれば、いまからでもまだ30年近い積立と、30年以上の運用が可能です。自身の老後資金対策としても十分に役立つだろうと考えています。

最後にA理事長に、「現在の自社の退職給付金制度に対する満足度」を聞くと、80点という答えが返ってきました。

「企業型確定拠出年金の仕組みについては100点に近いぐらい満足しています」と評価する一方で、「運用の成果が大きくなるのは、まだこれからであることと、スタッフの加入者数が5割強という状況がやや不満なので、現時点の評価は少し下げたいと思います。また、養老保険などの見直しも必要と考えているので、トータルで見ると80点という評価です」ということでした。

企業型確定拠出年金を導入後も現状に満足せず、改革を進めるA理事長であれば、「100点満点」の評価を出せる日も、そう遠くないと思われます。

【事例2】厚生年金基金の解散により確定拠出年金を導入したY社

業種：金属加工
従業員数：30名
現在の退職金制度：企業型確定拠出年金※標準タイプ（厚生年金基金から移換）、退職一時金（養老保険）

▼加入していた厚生年金基金の解散に直面し、移換先を模索

Y社は、1965年設立の金属加工業で、現在の従業員は30名です。

かつては、同業者で組織する厚生年金基金に加入していましたが、1年前に基金が解散することとなり、B社長は企業型確定拠出年金を導入しました。数年前に厚生年金基金の解散が決まったときから受け皿を検討し始め、中退共と企業型確定拠出年金のどちらにするかで、かなり悩んだとのことです。

その結果、企業型確定拠出年金に決めたのは、次のような理由だったそうです。

「中退共は、加入企業数が基本的には減少傾向にあります。厚生年金基金のように解散することはないでしょうが、運用面での不安がありました。現在でも、運用利回りは0・92％なので、決して高くはありませんが、これがさらに減少することも、十分にあると思われたのです。一方、企業型確定拠出年金は、過去の実績でもはるかに高い利回りを示していると分かりました。退職後に従業員が受け取る金額を大きくできる可能性が高いと思えたのが決め手です。

また、確定拠出という仕組み上、厚生年金基金のように、積立金の不足が生じるということがないという安心感もありました」

B社長は確定拠出年金に移換することは決めたものの、厚生年金基金からの移換手続きや新制度の導入は、複雑で、自分自身で行うことはできないため悩んでいました。最初は、付き合いのあった金融機関や保険会社に相談してみたものの、パンフレットなどに沿った通り一遍の説明しかしてくれず、細かいことを質問しても要領を得ない回答しか返ってこないことがあったりして、依頼するのに不安がありました。そのことを相談した顧問の社会保険労務士の紹介で、私たちが相談に乗ることとなりました。

「細川さんからお話をうかがって、厚生年金基金からの移換や確定拠出年金導入の経験が豊富で、スムーズに対応していただけることが分かりました。加えて、思ったより費用が掛からないこともあり、お願いすることにしました」

Y社にとっては、すでに解散が決まっている厚生年金基金から制度を移換することが最重要課題であり、時間的な制約があったことから、企業型確定拠出年金のなかでも設計がシンプルで導入にあたってのハードルが少ない標準タイプを採用して、従業員が全員加入することとしました。

その意味では、制度設計に関わる苦労はほとんどなかったといえます。

▼厚生年金基金から移換成功と期待値で「現段階の評価は100点」

厚生年金基金から確定拠出年金に移換してまだ1年ほどのため、B社長にとって、具体的な成果などはまだよく分からないというのが正直なところのようです。

「運用成果などは、まだよく分かりませんが、退職金制度の移換が至上命題だったので、その意味では、スムーズに確定拠出年金を導入できた時点で、当初の目的はかなりの部分をクリアしたというのが実感です」

厚生年金基金の場合、企業や従業員が主体的に運用に取り組むという仕組みではありません。

その意味で、企業型確定拠出年金になって、初めて運用に取り組むという社員の方がほとんどですから、すぐに成果が出るわけではないのは、むしろ当然のことです。先にも述べましたが、私たちのこれまでの経験上も、社員の方が導入当初はなかなか確定拠出年金の仕組みを理解されず、2年か3年経ち拠出金がある程度積み上がった段階で運用成果が見えるようになると急にアクションが増えるようになるというのが、一般的なパターンです。その点に関して、B社長も次のような見方を示します。

「実際、私自身にも戸惑いがあったり、未知数であったりという部分を感じています。ほとんどの社員がピンときていないのも、現時点では仕方がないと思います。とはいえ、せっかく導入した制度ですから、社員のためになるよう、うまく利用していきたいとも思っています。投資とか運用には素人の社員たちなので、理屈を説明するより、分かりやすい事例をたくさん示したほうがアクションに結び付きやすいだろうとは考えています」

B社長のこうした意向を受けて、私たちも拠出金額や運用商品を組み合わせた具体的で分かりやすいシミュレーションなどを作成し、社員の方々が確定拠出年金の有効性を実感できるような取り組みを、現在進めている最中です。

Y社の確定拠出年金制度はまだまだ初期段階という状態ですが、B社長は現段階での評価を「100点満点だ」といいます。

その理由を聞くと「厚生年金基金からの移換が無事成功したことで第一の目標をクリアしたためです。確定拠出年金については、これからの期待感しかないので『現段階では100点』ということになります。その評価を下げないで済むように、社員のモチベーションや定着率の向上、あるいは採用面で効果が見えるよう、運用指導や社員説明を続けていきたいです」と説明してくれました。

【事例3】若手中心の社員のため確定拠出年金を導入したZ社

業種：販売・サービス業
従業員数：9名
現在の退職金制度：中小企業退職金共済（中退共）、選択制確定拠出年金

▼若い社員たちは、公的年金もほとんどもらえないだろう……。

C社長が2008年に創業したZ社は、実店舗とネットを併用した販売業者です。現在の従業員は9名。会社を設立してすぐに中退共に加入しましたが、C社長はすぐに、別の退職金制度も用意したほうがいいのではないかと考えるようになったそうです。

「実は、中退共には、ちょっとしがらみがある人からすすめられて加入したのです。正直、私自身はあまり魅力を感じなかったので、掛金も抑え気味にしていました。ただ、うちは若い社員が多くて、たぶん公的年金もほとんどもらえないだろうから、少しでも足しになるようにはしてあげたいと強く思っていました。とはいえ、小さい会社なのでまとまった

多額の退職一時金を用意することは難しいのも事実です。そこで、せめて……、という感じで中退共を利用していたのです」（C社長）

その後、しばらくしてから銀行の担当者と話をしているなかで企業型確定拠出年金のことを教えられ、説明を聞くうちに「これなら自分の会社でもやれそうだ」と魅力を感じたそうです。

そこで、改めて銀行に導入の相談に行ったところ、担当者から私たちのことを紹介され、お付き合いすることとなりました。

▼確定拠出年金の導入後3、4年目から社員の取り組みが大きく変化

企業型確定拠出年金の導入当初は、社員が確定拠出年金の話をすることもなく、あまり関心や興味があるようには見えなかったそうです。そのため、C社長には、社員の間で新制度がどのように受け止められているのか分からず、不安を覚えたこともあったそうです。

それが3、4年経った頃から風向きが変わってきたといいます。

実際、その頃から私たちのところへも、Z社の社員の方から、運用商品に関する問い合

わせや配分変更についての質問が増えていました。

C社長は「投資や運用というものになじみがなかったのが、一定の資産がまとまってくることで、やはり少しは興味が湧いてきたのかなと思いました」と振り返ります。

導入初期から加入している社員は、現在30歳代から40歳代前半になっていますが、選択制による拠出金を、1万円から2万円程度増額する人が多く、休憩時間にスマートフォンで自分の運用状況を確認する姿も見かけるほど、運用に積極的になっているそうです。

こうした変化に対してC社長は、次のように語ります。

「若い社員が多かったので、以前は、老後などまだまだ先のことだと思っていて、真剣に考えることがなかった感じでした。ところが、例の『老後2000万円問題』が話題になった頃から、自分で資産を形成しておかなければならないというほうに考え方がシフトしてきたのかなと感じています。

確定拠出年金を導入したことによって『この会社はいいな』と思ってくれているかまでは、正直分からないところですが……。ただ、資産の運用状況を気にするようになってきていることは間違いないですね」

将来に備えて資産を形成していこうという気持ちの変化を感じる一方で、20年後、30年後の退職というものを見据えて、具体的な目標を設定した老後資金対策を考えるところまでは至っていないというのが現状のようです。

C社長は「究極的にいえば、会社として直接してあげられることは、確定拠出年金という仕組みを提供するところまでで、その先については個々人の判断に委ねるしかありません。ただ、判断を誤らないためのサポート、例えば投資教育や最新の情報提供などは積極的にやっていきたいと考えています」としたうえで、「社員の少ない会社ですから、個々人の属性に合った提案をすることが、具体的な目標設定やモチベーションの向上につながるのではないかと期待しています」と付け加えてくれました。

▼経営者個人の老後資金対策としての期待値も高い

C社長が企業型確定拠出年金を導入する前に、個人として行っていた老後の生活資金準備は、個人年金保険と小規模企業共済でした。どちらも受取金額はそれほど多くなかったので、自分自身の老後資金対策として、企業型確定拠出年金が加わったことの意義は大きいといいます。

「ひょっとしたら企業型確定拠出年金によって、社内でいちばん安心感や期待感をもっているのは私かもしれません。私は社内で最年長ですから。ただ、毎月の拠出金上限が5万5000円という制約があるので、ここは、本当はもうちょっと多く掛けられるといいなという思いはあります」

Z社では当面、今の退職金制度を続けていく予定です。運用効率や加入者が得られる金額などを考えれば、確定拠出年金に一本化して拠出金を増やしたいという気持ちはあるものの、中退共を脱退するところまでは踏み切れない事情もあるからです。

「退職金制度が二本立てになっているのは、採用面などでプラスになるという話も聞いているので、うまく使っていくように頭を切り替えています。車の両輪がそろったと考えれば、90点は付けてもいいかなと思っています」

C社長はこのように評価して、話を締めくくってくれました。

おわりに

今後、わが国において長期的に労働人口が減少することは確定の事項です。日本の労働人口は、2023年までは女性や高齢者の活用により微増しますが、以降急速に減少に転じると見込まれています。

例えば、パーソル総合研究所が発表した「労働市場の未来推計2030」によれば、2030年には、644万人もの労働人口不足が起きるとされています。2020年以降、コロナ禍を原因として出生率が急減していることからも、長期的に見たわが国の人口減少は、さらに加速する可能性が高くなっています。

このような人口減少＝労働人口減少下で、多くの中小企業において人材の確保・定着がトップレベルの経営課題であることは言をまちません。

人材の確保・定着施策には多くの要素があり、これをすれば即解決という特効薬はありませんが、企業年金も含めた退職給付金制度がその重要な要素の一つであることは間違いありません。

ところが、多くの中小企業では、「よく分からないが、とりあえず何か制度を用意しておけばいいだろう」と、安直に中退共や養老保険に加入して、それで良しとしている場合が多いのです。そこには、なんのために制度を用意し、経営者として、将来従業員にどうなってほしいと考えているのか、といったメッセージを伝える努力が不足しています。そのために、せっかく退職給付金制度を用意しているのに、その内容がほとんど知られていない、場合によっては存在すら知らない従業員がいる、というのが、ほとんどの中小企業での実態です。こんなにもったいないことはありません。

あるいは、よく考えずに昔につくった退職金規定を続けているものの、実際に多くの退職者が出る段になって、その資金の手当に頭を抱えているという中小企業経営者も、少なくありません。それもまた、もったいないことです。

そこで、本書は、それらの問題を解決するための手段として、企業型確定拠出年金導入の考え方やノウハウを知っていただくことに主眼をおいて執筆しました。

本書では、企業型確定拠出年金制度について、ほかの退職給付金制度との違い、税制面での得失といったテクニカルな点も解説していますが、私がもっとも伝えたかったことは、「従業員の将来をしっかりと考え、それをメッセージとしてきちんと発していますか？」という、経営者としての考え方や行動の指針です。

それをお伝えするために、本書では約半分のページを、架空の企業・タキタケミカルにおける企業型確定拠出年金導入のストーリーとして構成しました。そのほうが経営者としての考え方といったものを、より、身近にかつリアルに感じてもらえるのではないかと考えたためです。類書にはない親しみやすさを感じていただければ幸いですが、その成否の判断は読者の皆さまに委ねるほかありません。

本書で描いたストーリーは、もちろん架空のもので、特定のモデル企業は存在しません。しかし、これまで私がＩＦＡとして、あるいは企業型確定拠出年金のコンサルタントとして関与させていただいた、多くの中小企業経営者の方からヒントをいただいています。

さらには、本書執筆にあたって、実際に3社の企業型確定拠出年金導入企業の社長様にお話をうかがう機会を設けていただきました。

そのすべての経営者の皆さまに、改めて感謝申し上げます。

本書をきっかけにして、多くの中小企業で退職給付金を見直していただき、経営者と従業員がともに安心して働ける制度整備が進められることを、著者として願ってやみません。

細川知宏（ほそかわ　ともひろ）
１９６４年生まれ、大阪府出身。２０１０年大和証券株式会社を退職。その後独立し、２０１１年に資産運用を中立的立場でアドバイスするＩＦＡ法人を設立。顧客の信頼を得て、初年度を除いて10期連続黒字化を達成。中小企業を元気にする企業型確定拠出年金を全国に普及するため、２０２１年には社会保険労務士、税理士と連携して「さんびゃくしゃ」を設立。ホームページなどを通じて企業型確定拠出年金の導入をサポートしている。

本書についての
ご意見・ご感想はコチラ

効果的な年金制度の使い方を伝授
社員を幸せにしながら
社長の資産を増やす方法

二〇二一年八月二七日　第一刷発行

著　者　細川知宏
発行人　久保田貴幸
発行元　株式会社　幻冬舎メディアコンサルティング
〒一五一-〇〇五一　東京都渋谷区千駄ヶ谷四-九-七
電話　〇三-五四一一-六四四〇（編集）
発売元　株式会社　幻冬舎
〒一五一-〇〇五一　東京都渋谷区千駄ヶ谷四-九-七
電話　〇三-五四一一-六二二二（営業）

印刷・製本　シナノ書籍印刷株式会社
装　丁　杉本千夏

Printed in Japan　ISBN 978-4-344-93443-6 C0034
幻冬舎メディアコンサルティングＨＰ　http://www.gentosha-mc.com/